Incoronazione
Maria SS. dei Pozzi

Franco Sollyman

Dedico questo Libro
a Giuseppe Di Camillo,
un Nobile Laurese.

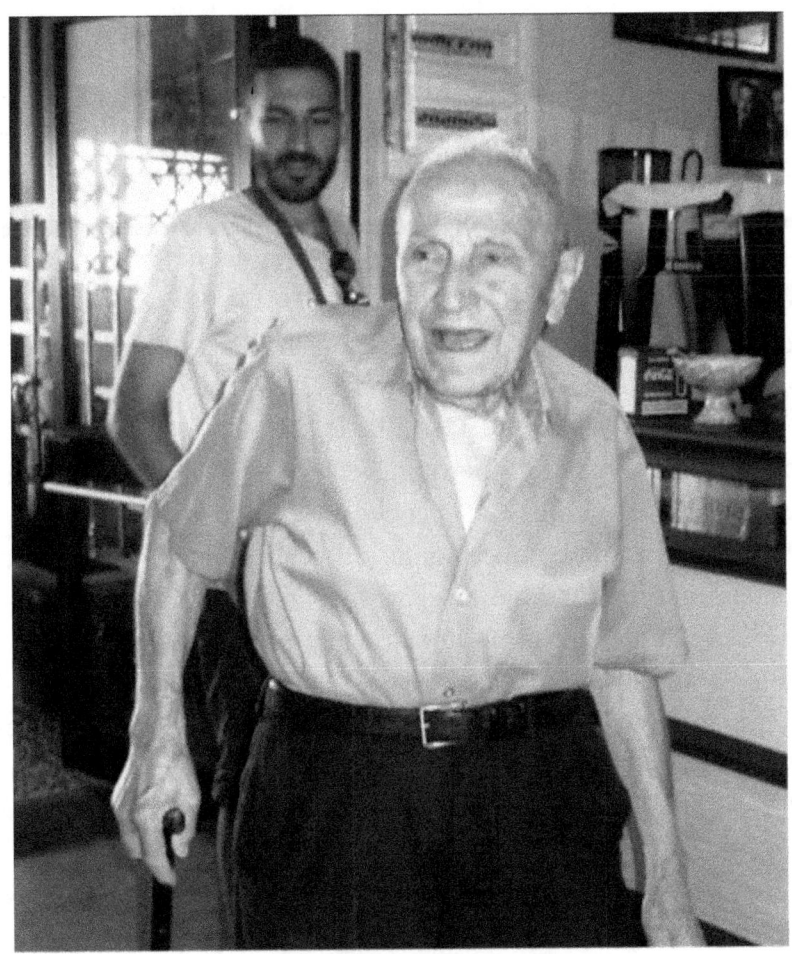

17/08/1921 – 03/02/2014

GIUSEPPE DI CAMILLO

Nel tardo pomeriggio del 3 febbraio 2014 il mio consobrino Sebastiano Di Camillo mi annunciava la morte di suo zio, il compianto Giuseppe Di Camillo, deceduto nella sua casa, insieme ai suoi cari, allo spuntare dell'alba. Nella nottata era rientrato dall'ospedale di Sessa Aurunca.

Giuseppe Di Camillo (*Peppino*) nasce a Lauro il 17 agosto 1921, primogenito di D'Addeo Concetta e Di Camillo Sebastiano.

I suoi genitori per trentacinque anni hanno vissuto in America, fino al 1959, data in cui fanno ritorno a Lauro per sempre.

Da ragazzo, Giuseppe Di Camillo è assunto come apprendista barbiere nel locale di Serra Gaetano e Meleto Gramegna, diventando in tempi brevi un eccellente barbiere.

Nel 1941 si arruola come volontario nell'Esercito Militare e nella Seconda Guerra Mondiale lo sbarcano in Grecia, dove sarà fatto prigioniero. Fa il suo ritorno in patria alla fine della guerra.

Nel 1946 si sposa con Andreoli Brigida, e negli anni successivi sono premiati con le nascite di tre meravigliosi pargoletti: Concetta, Olimpia e Sebastiano.

Dal 1956 al 1960, Giuseppe Di Camillo fa la spola dall'America a Lauro.

Nel 1951 apre l'oleificio a Lauro, e in seguito né apre un altro a Corigliano. Durante la sua assenza l'oleificio lo gestisce suo cognato Mario.

Dal 1960 Giuseppe Di Camillo resta in America per 3 lustri.

Alla fine degli anni '70 apre un ristorante a Baia Azzurra sulla Demitiana, dopo Mondragone, che resterà suo per una decina d'anni. Fra i suoi dipendenti c'era il compianto Del Mastro Luigi (*il conte Romualdo*).

Fra tutti i Lauresi, Giuseppe Di Camillo era il più Laurese di tutti, amante e devoto sostenitore del paese, soprattutto delle sue radici natie.

Con l'avvento della tecnologia si è perso ogni valore, si dimentica del tutto il nostro passato, di questo passo non avremo più un'identità.

Giuseppe Di Camillo ha raccolto ogni fonte di notizie su Lauro, ha reperito antiche testimonianze del nostro passato, ci ha lasciato un patrimonio culturale, non lasciamo che tutto vada perduto e dimenticato. Io, nel mio piccolo, cerco di seguirne le orme, ma da soli non si arriva da nessuna parte.

Giuseppe Di Camillo resterà sempre nel nostro cuore e i ricordi vissuti con lui lo rendono immortale.

Nota d'Autore

Questo sarà il mio ultimo libro su Lauro, il mio amato paese dove sono nato, nel lontano '59. E' una galleria fotografica riguardante un prodigioso avvenimento avvenuto nel lontano 1967, esattamente il 13 maggio, l'**Incoronazione** della Madonna *Maria SS. delle Grazie*, commutata poi in *Santa Maria dei Pozzi* in merito ad un'apparizione avvenuta in un pozzo profondo a una pastorella sordomuta di nome Lucia, nel XVI sec; miracolata con l'acquisto della favella e dell'udito.

Su quel pozzo profondo la comunità Laurese edificò una cappella su esplicita richiesta della Madonna. La speranza è che un giorno possa diventare un Santuario, soltanto così potrà essere conosciuta al mondo intero e diventare una meta incessante di pellegrinaggio.

Grazie a Giuseppe Di Camillo possiamo sfogliare e ammirare queste suggestive fotografie, raffiguranti momenti immortali di un passato che ha segnato un'epoca, ed ha rinfocolato la nostra fede.

Se il passato ci ha insegnato qualcosa, il futuro deve preservarlo. Spero che il mio cammino, che qui si ferma, sia proseguito da qualcun altro, e narri la storia prossima ad accadere, così che i posteri siano sempre informati del nostro amato passato.

Articolo di Giornale
redatto il 15 maggio 1967
da Giovanni D'Angelo.

"INCORONATA A LAURO DI SESSA
LA STATUA DI S. MARIA DEI POZZI"

Sabato – vigilia della Pentecoste – Lauro, uno dei più popolari e ridenti borghi dell'estesissimo Comune di Sessa Aurunca, credente e tradizionalista, ha vissuto – nel quadro degli annuali, patronali festeggiamenti – una delle più belle ed incancellabili giornate della sua ultrasecolare origine per la Incoronazione della sua Protettrice Maria SS. delle Grazie, venerata sotto il titolo di "Santa Maria dei Pozzi" mercé la dinamica, infaticabile opera dell'amato parroco don Pasquale Rivetti ed, altresì, del Comitato organizzatore, presieduto dall'egregio notaio dottor Paolo Gramegna.

Il "Breve Apostolico" dell'Incoronazione con la delega di esecuzione conferita all'Em.za il Cardinale Carlo Confalonieri, è stato firmato da sua Santità Paolo VI proprio sotto la data del suo pellegrinaggio di penitenza a Fatima ove si è recato ad implorare da quella Beta Vergine, pace e salvezza per un mondo che, smarrito e dominato da beni materiali, va perdendo sempre più la fiducia di se stesso e la fede nei supremi valori della religione e dello Spirito. Coincidenza questa da non giudicare fortuita sia sotto il profilo storico-etico che sostanziale. Infatti, come per la Vergine di Fatima l'immenso culto è dovuto alla sua apparizione – nel non lontano 17 marzo 1917 – a tre umili pastorelli portoghesi, così la ultrasecolare venerazione per la Madonna delle Grazie o dei Pozzi, da parte del laborioso e semplice popolo laurese, è legata oltre che all'apparizione, al miracolo del dono della favella e dell'udito ad un'umile sordomuta pastorella del posto, cui apparve circonfusa da una celestiale luce – in un non precisato

7

giorno di maggio del XVI secolo – mentre la stessa era intenta ad operare un pericoloso salvataggio di una capretta che, allontanatasi dal suo gregge, era caduta in una delle maggiori, naturali profondità che circondano una chiesetta, sita in un luogo assai rupestre a circa due chilometri dal villaggio, chiesetta che è tuttora meta incessante di appassionati pellegrinaggi, anche da parte di forestieri che colà si recano per implorare grazie.

Il Cardinale Confaloniere, pertanto, giunto a Lauro per la cerimonia della Incoronazione, scortato da una pattuglia di agenti motociclisti, e ricevuto dal clero sessano con a capo S. E. il vescovo della Diocesi di Acerra e Teano e dell'Arcivescovo di Gaeta, da Confraternite e Associazioni Cattoliche delle maggiori Autorità militari e civili, sia comunali che provinciali, ha raggiunto in corteo – attraverso la principale via cittadina – la Chiesa Madre, ove un picchetto d'onore della Scuola Truppe MM. e CC. di Caserta, al comando di un capitano, gli ha reso gli onori militari.

Indi, salutato molto calorosamente prima dell'Ecc. il Vescovo Mons. Costantini e poi dal Sindaco dott. Antonio Consales, ai quali ha risposto brevemente, è salito su di un addobbato podio, predisposto ad altare da campo, per concelebrare la Messa solenne.

Nel corso della Messa, concelebrata con la partecipazione di vescovi, canonici ed un ristretto numero di preti – fra un tripudio di spari di mortaretti, un frenetico sventolio di fazzoletti bianchi ed applausi, provenienti da una fiumana di fedeli, convenuti anche da ogni remoto angolo del Comune e da altri paesi limitrofi, ha proceduto alla cerimonia della Incoronazione del Bambino Gesù e della Beata Vergine delle Grazie, imponendo sul loro capo le ricche ed artistiche corone d'oro, finemente lavorate dal rinomato cesellatore comm. Cardelli di Napoli.

Fra i numerosi convenuti abbiamo notato: il dott. Orabona in rappresentanza anche del Prefetto dott. Lattari; il Sindaco dott.

8

Antonio Consales con gli assessori avv. Antonio Ciccaglione, ing. Ezio Attanasio ed il cav. Uff. Gaetano Zingone; il comandante del Distretto Militare di Caserta; il Vice Questore dott. Miranda in rappresentanza anche del Questore dott. Fusco; il Provveditore agli Studi dott. Salvatore Sillato e signora; i consiglieri provinciali dottori: Marcello Mazzarella ed Enzo Lettieri; il col. Vittorio De Stasio; il prof. Franco Janniello, segretario provinciale della D. C; il dott. Ascanio Falco, segretario provinciale del M. S. I; il dott. Mario Rinaldi, segretario capo del Comune; il preside Giuseppe Lubrano; il notaio dott. Paolo Gramegna e famiglia; dott. Ugo Anziano; l'avv. Pietro Ceraldi; il tenente Antonio Patti, comandante della CC. di Sessa, in rappresentanza anche dei superiori comandi di Legione e Brigata; il tenente dei CC. Casale Felce; il prof. Domenico C. presidente dell'ECA e commissario cittadino della D. C. ; comm. Edoardo D'Ari, comandante dei VV. UU. ; il signor Carpino, delegato del governo della frazione di S. Castrese; il cav. Capuano, dirigente dell'ufficio Comunale di Collocamento; il dott. Nastri, direttore dell'Ufficio del Registro di Sessa; il cav. Teodoro Grella, presidente della Sezione provinciale dei Cacciatori; il Maresciallo Maggiore cav. Terraciano, dirigente del locale Commissariato di P. S. e tanti altri di cui ci sfugge il nome.

Incoronazione

Maria SS. dei Pozzi

Lauro, 13 Maggio 1967

S. E. il Cardinale
Carlo Confalonieri

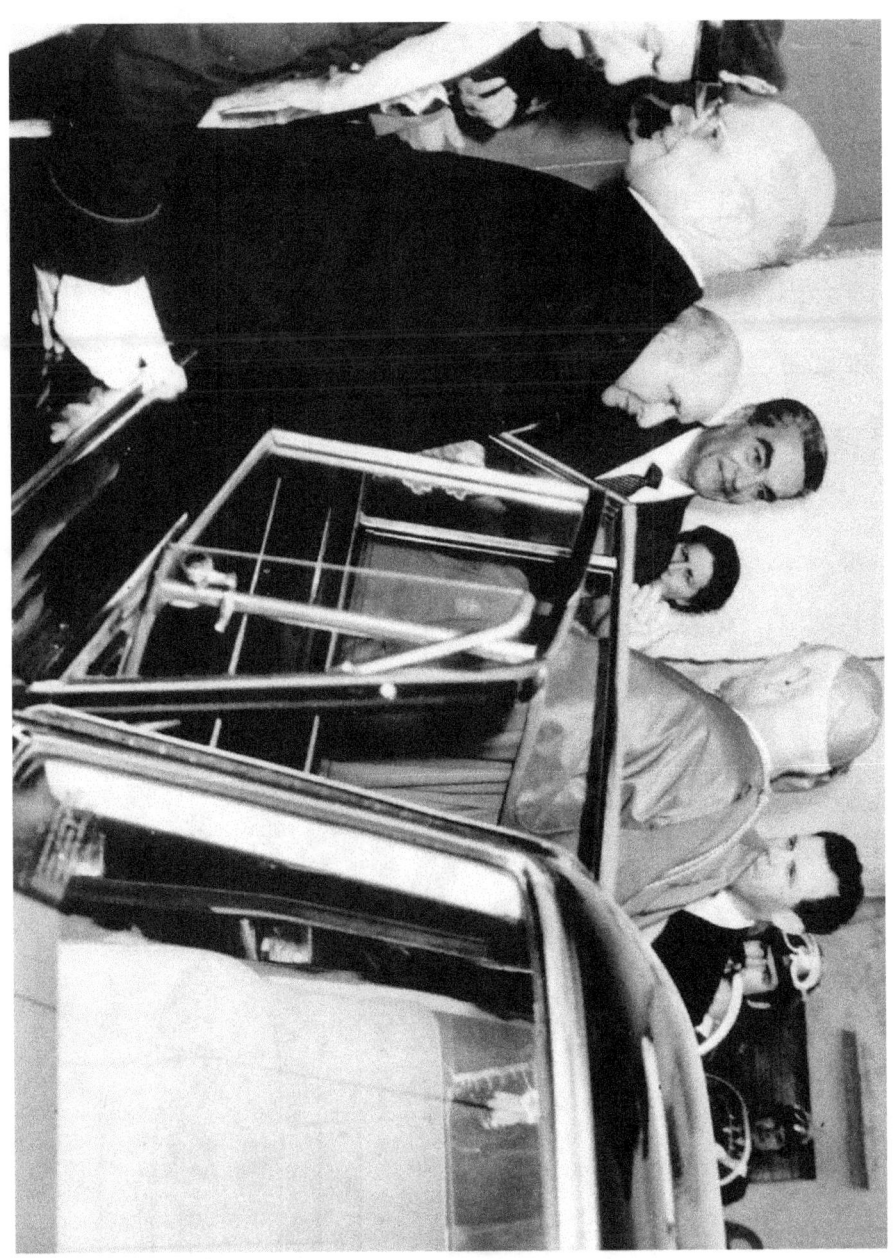

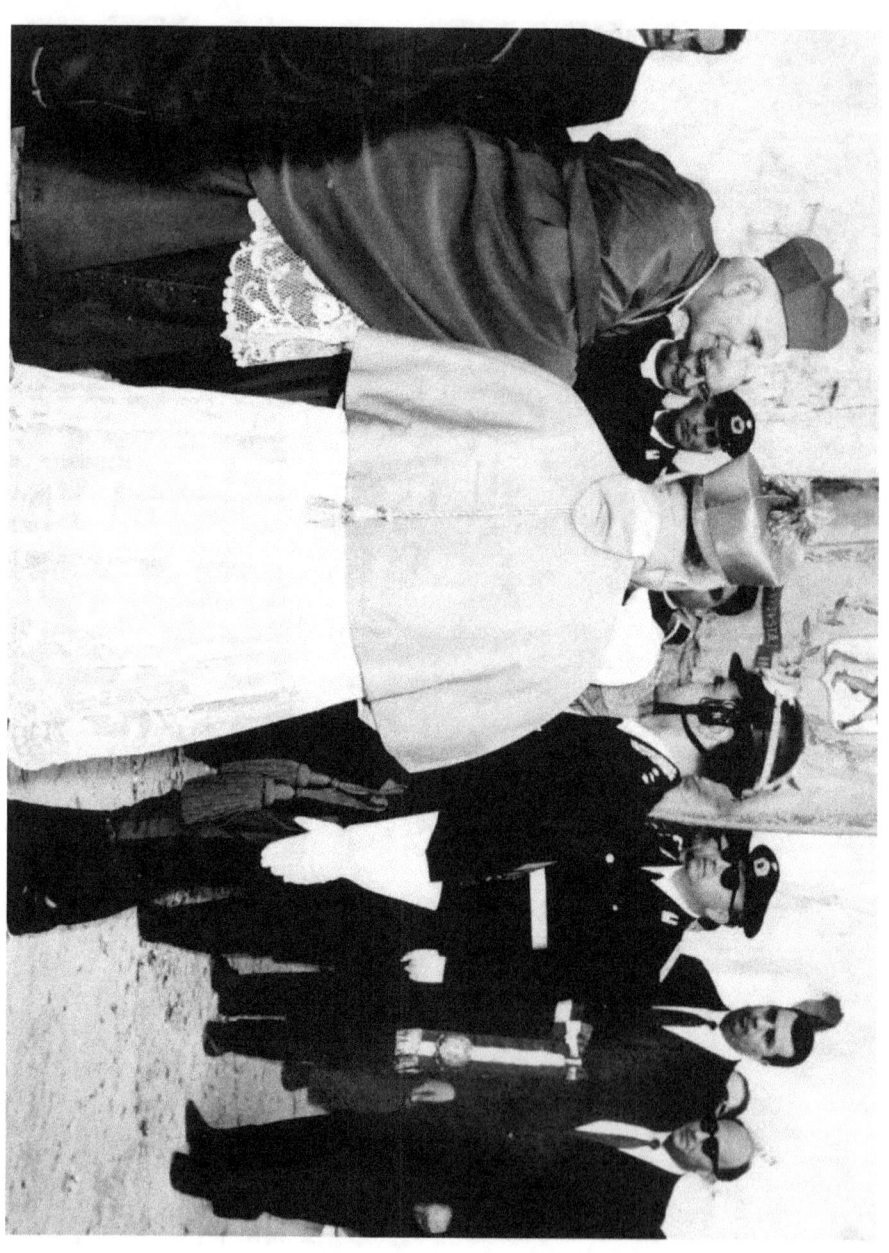

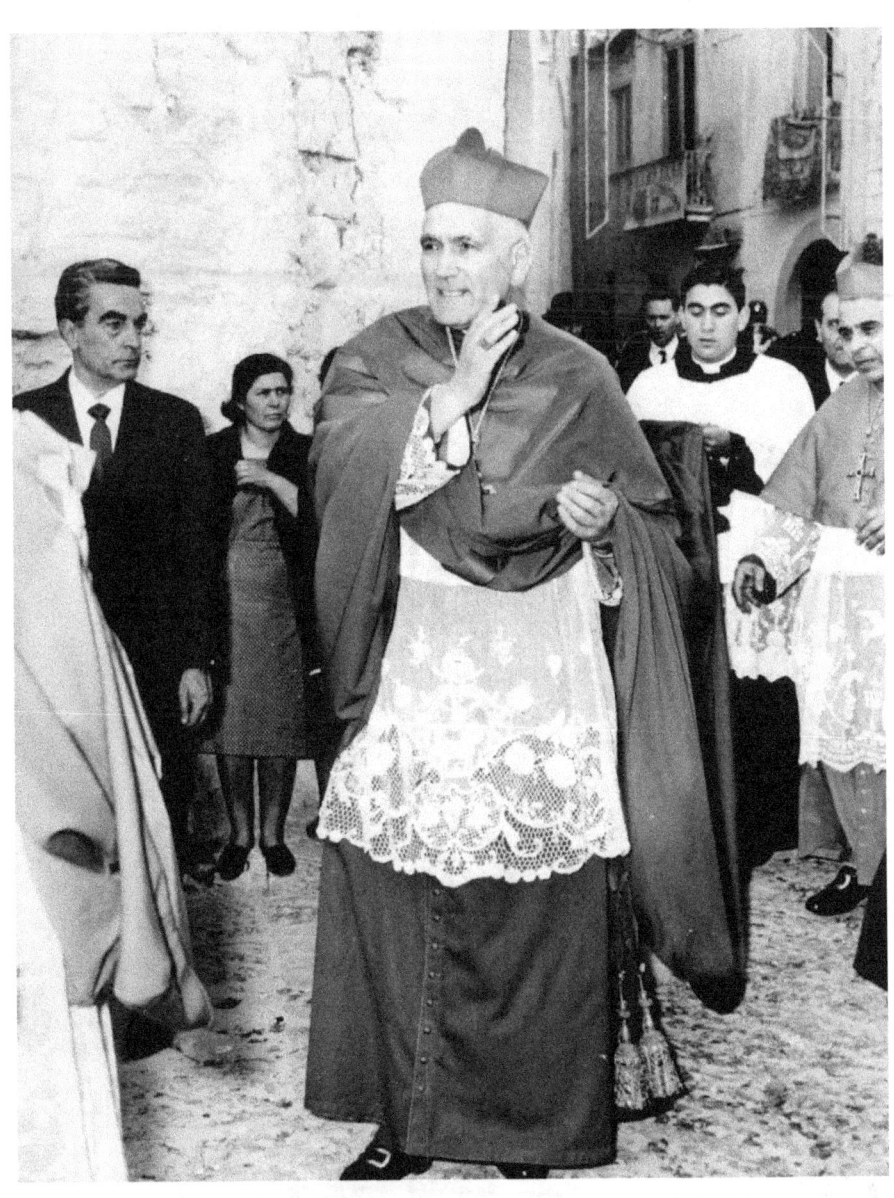

13

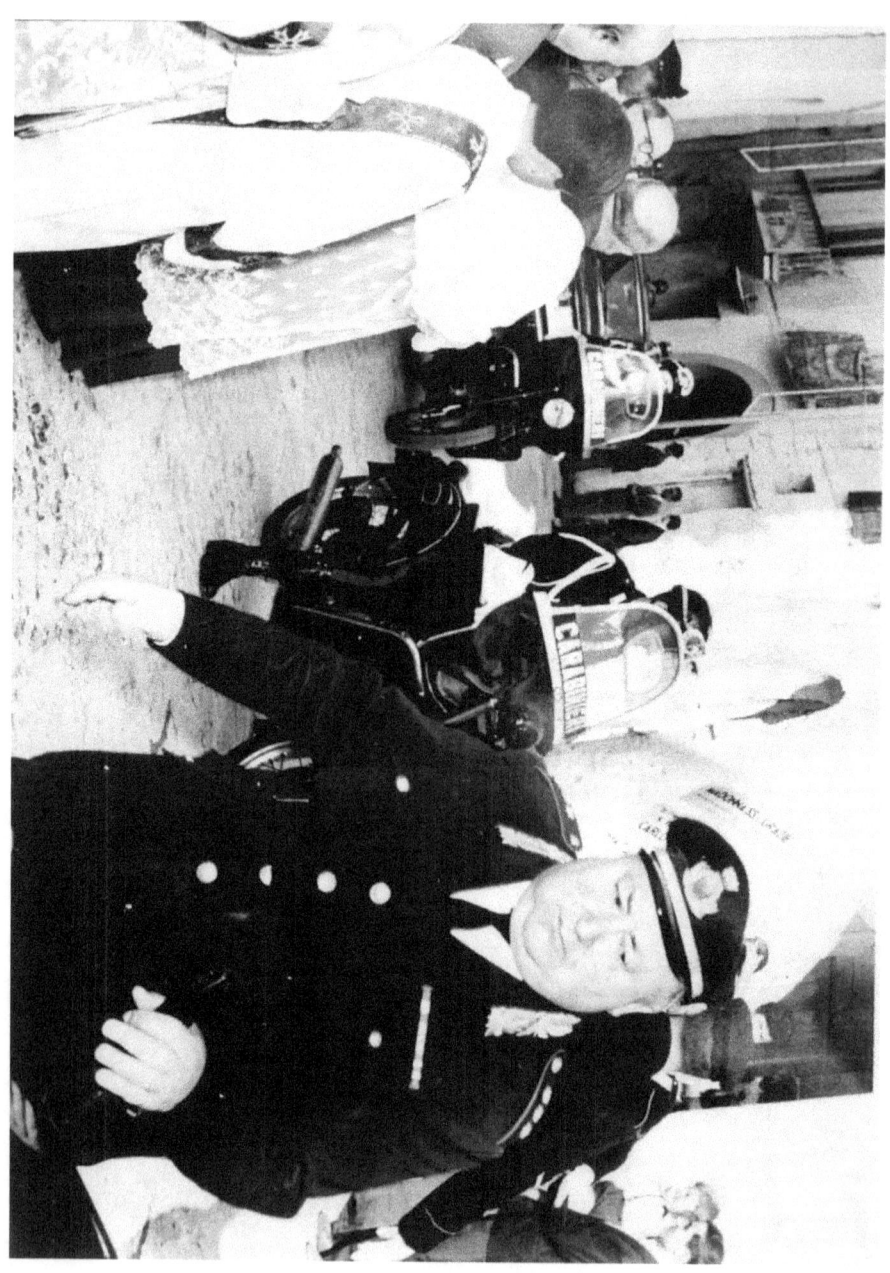

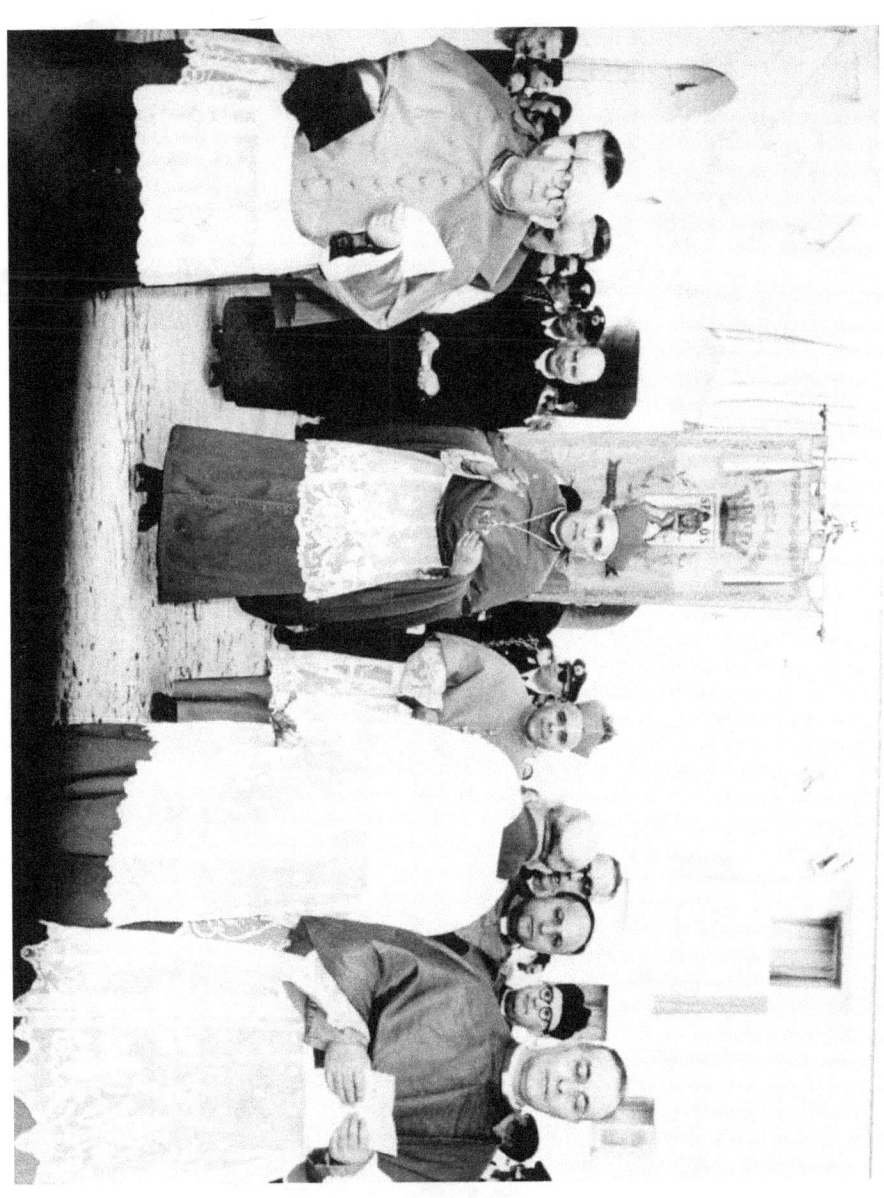

15

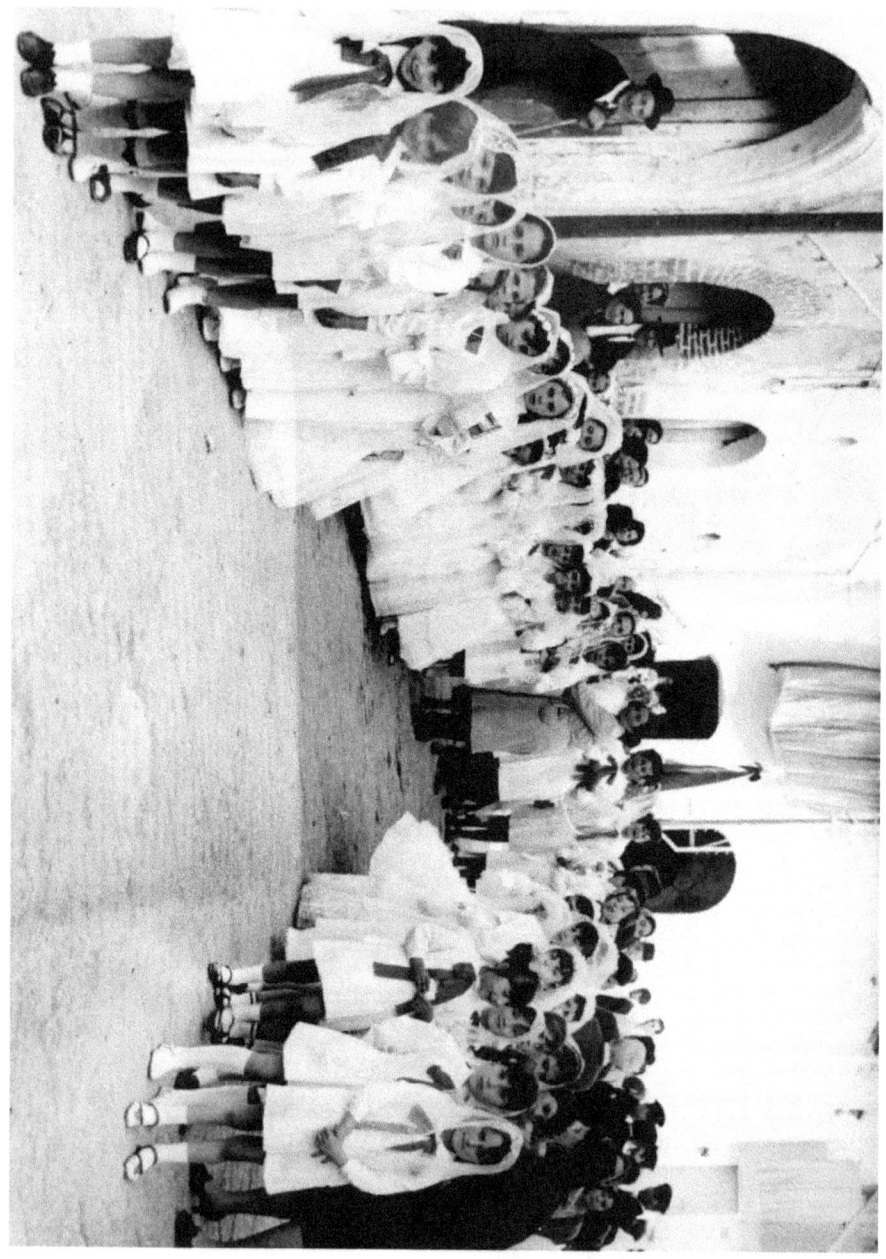

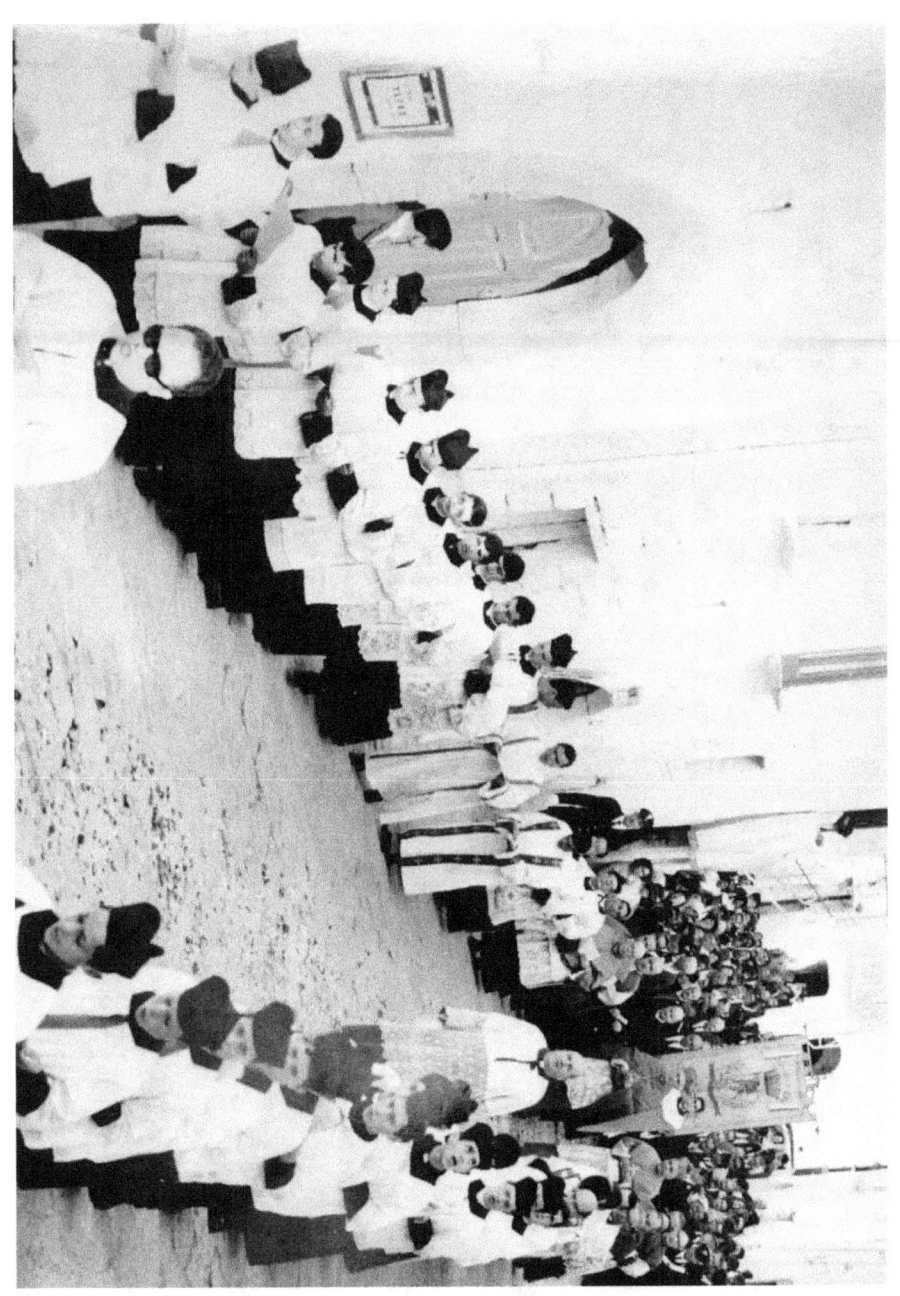

17

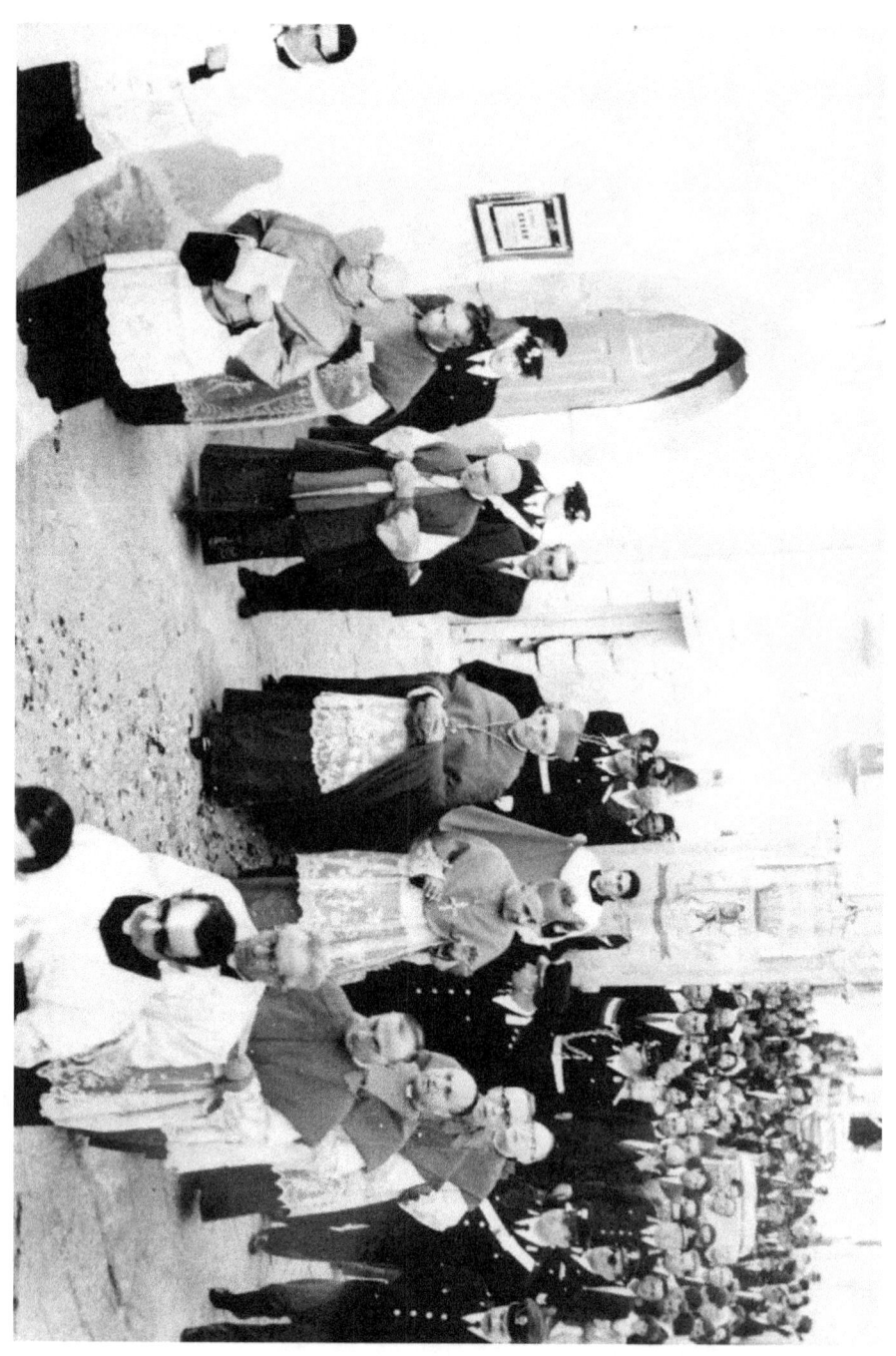

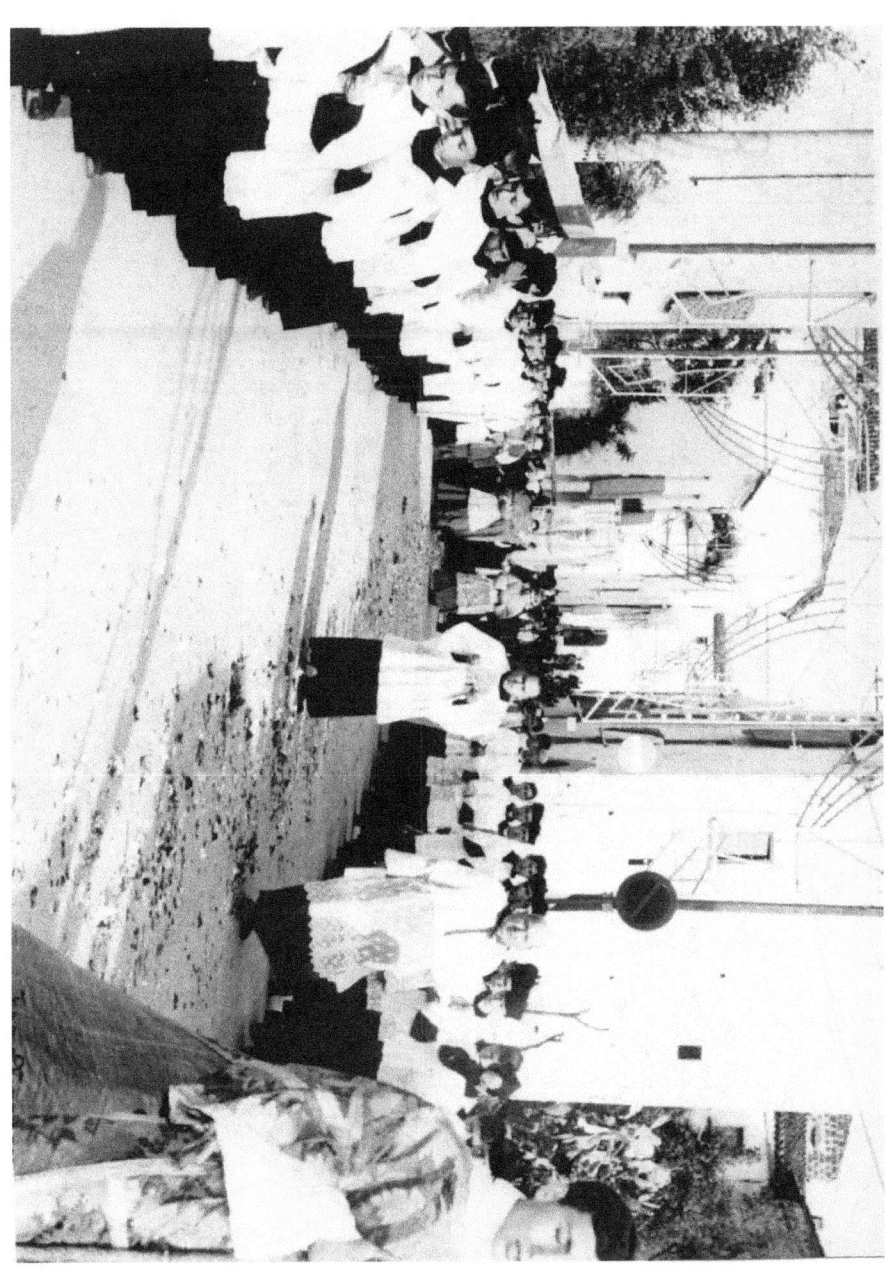

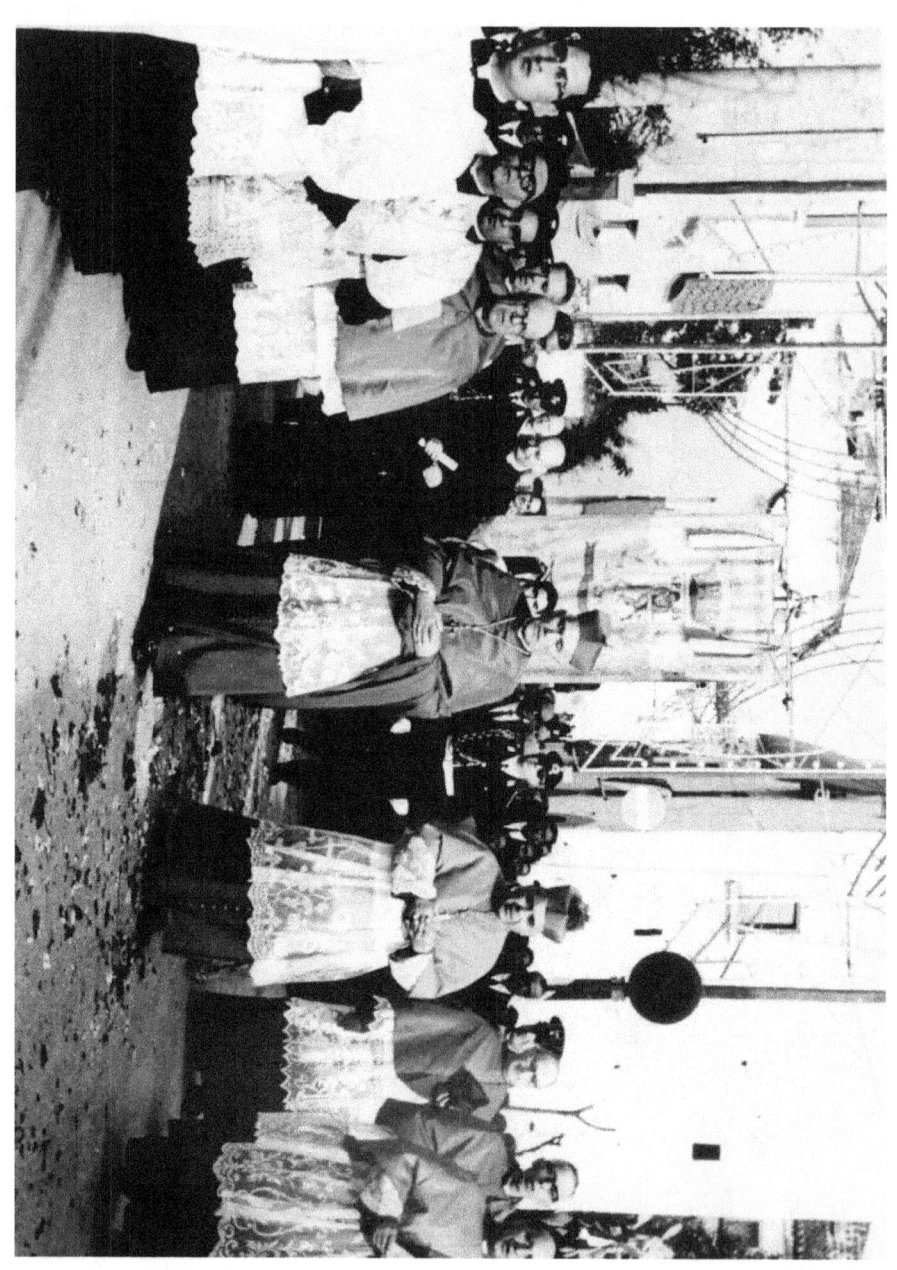

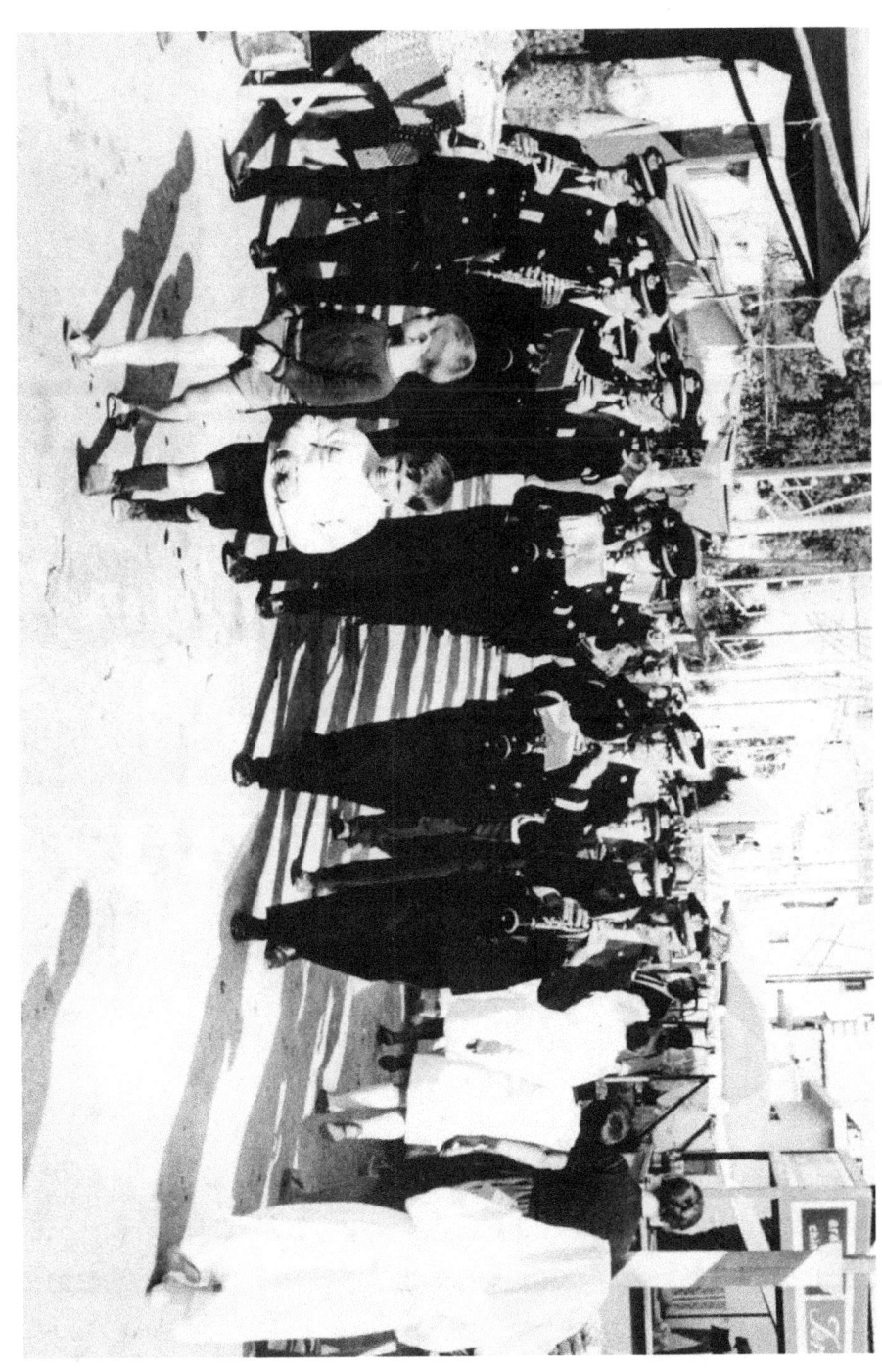

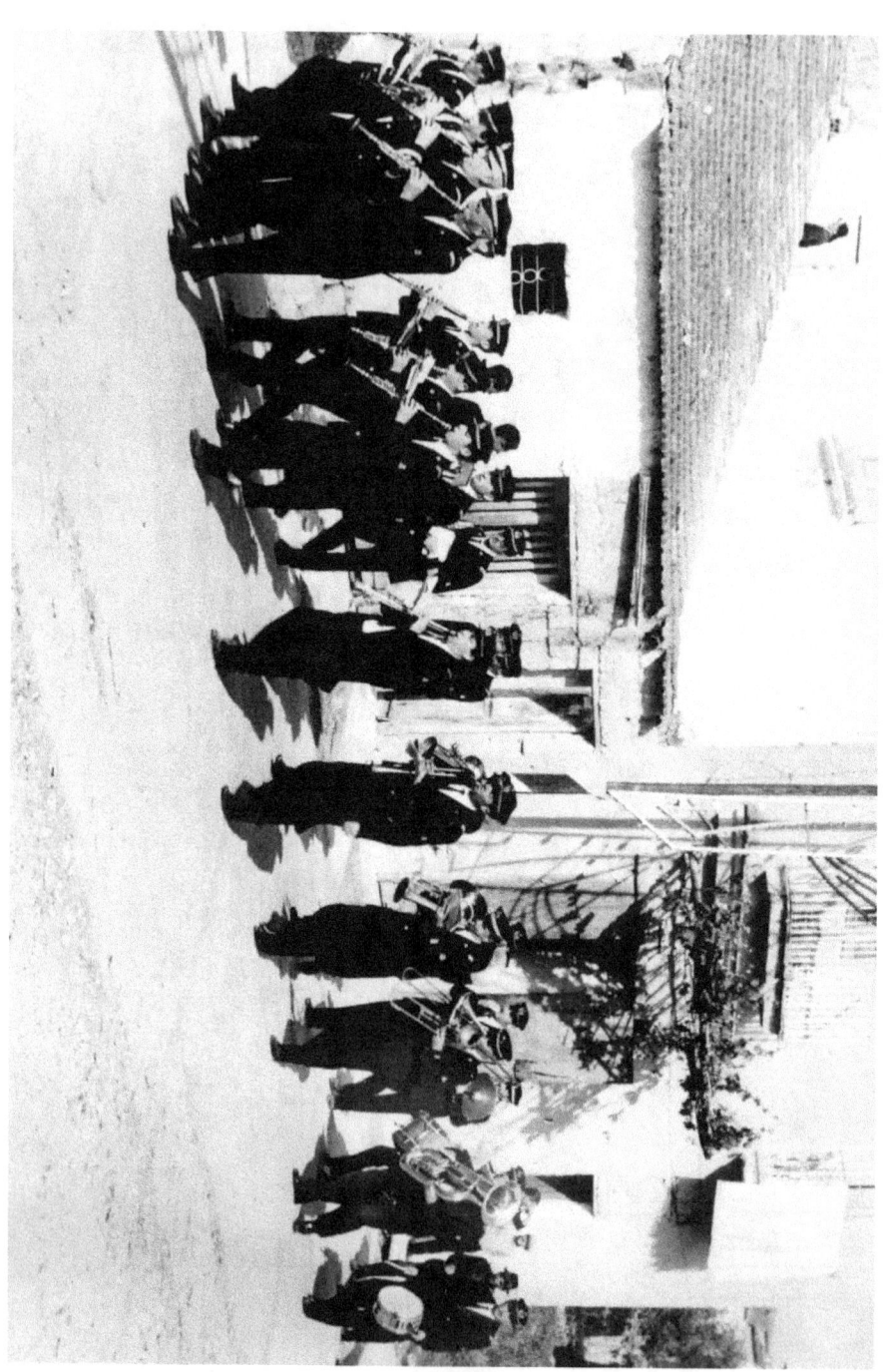

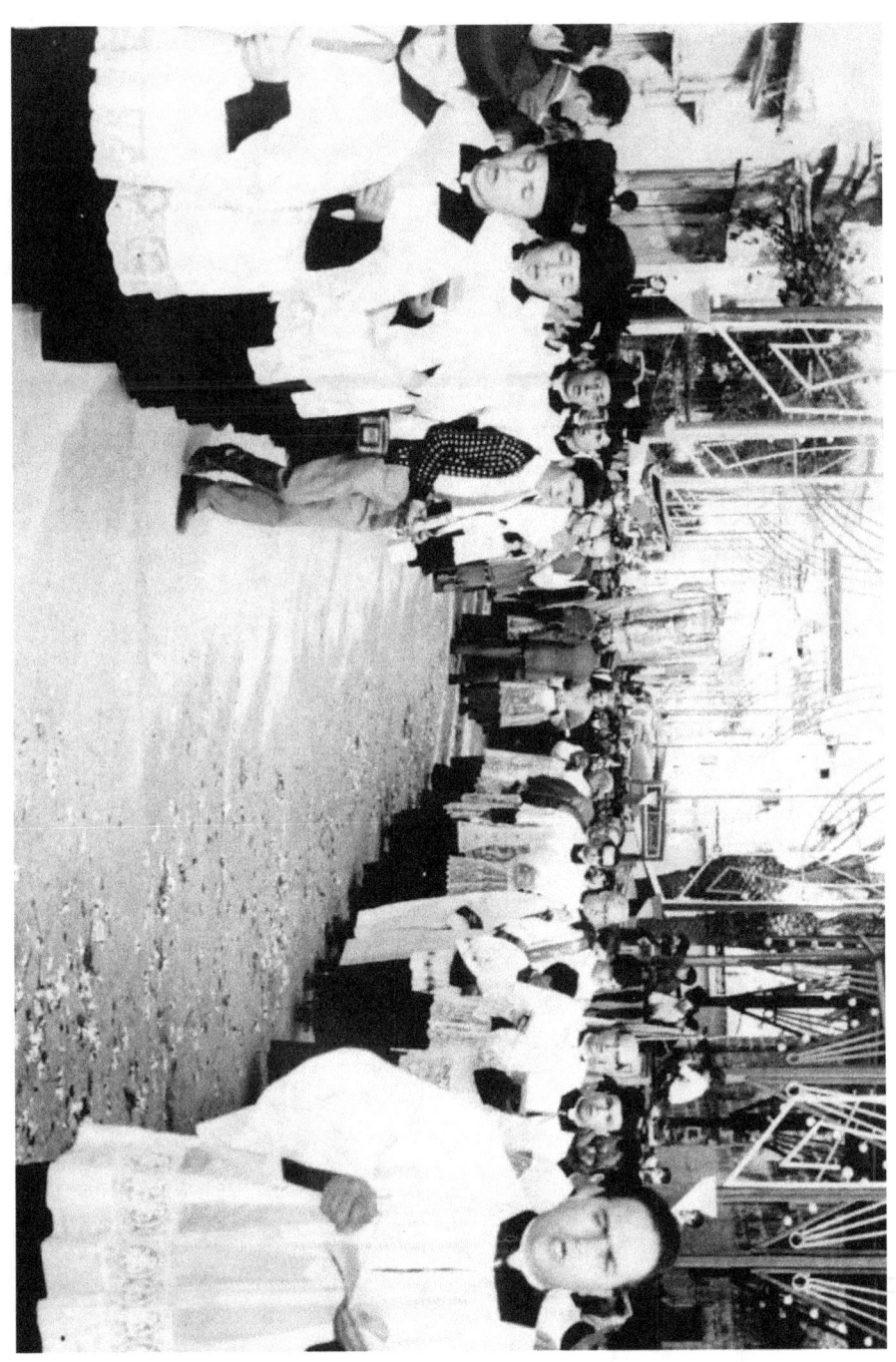

23

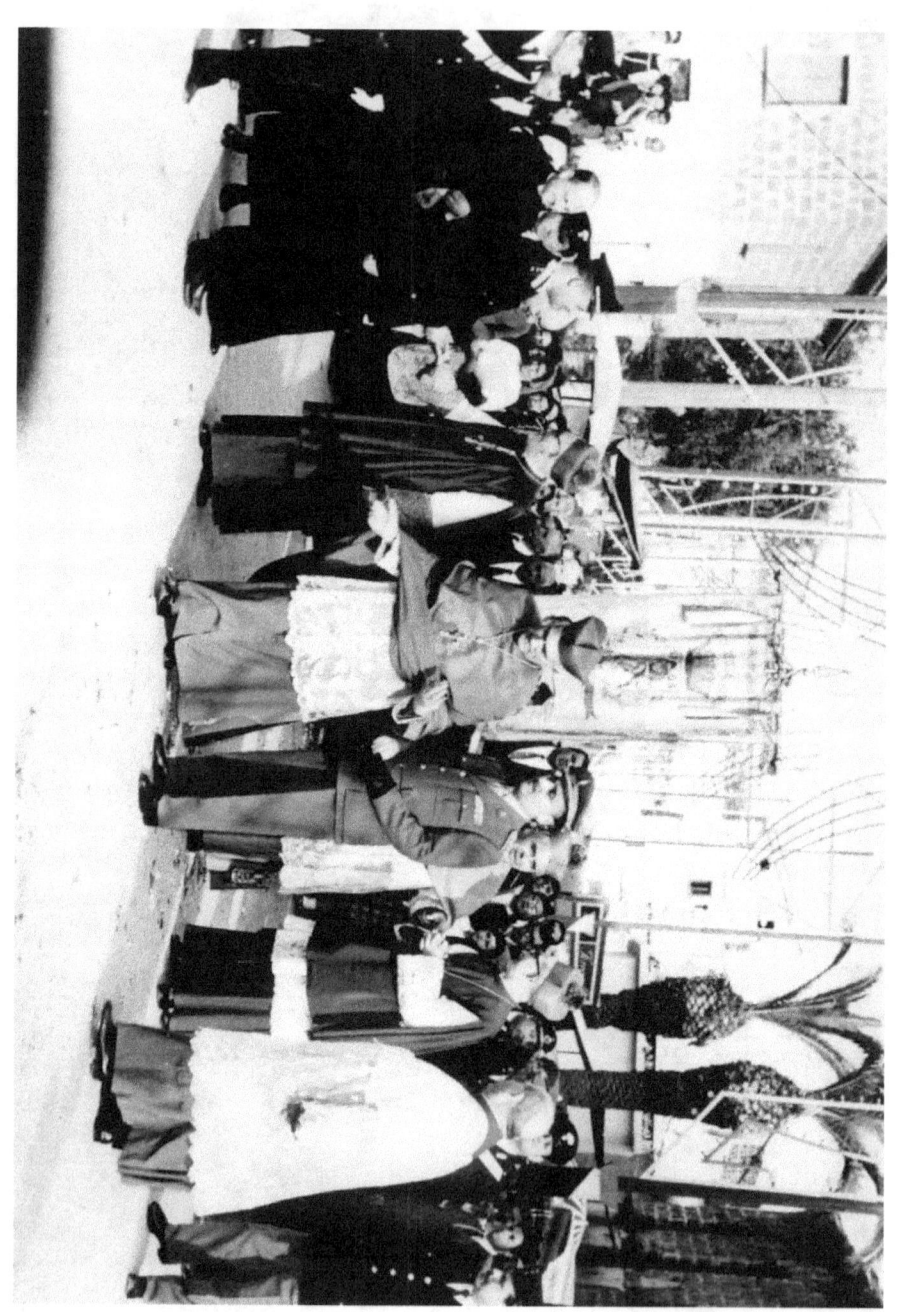

24

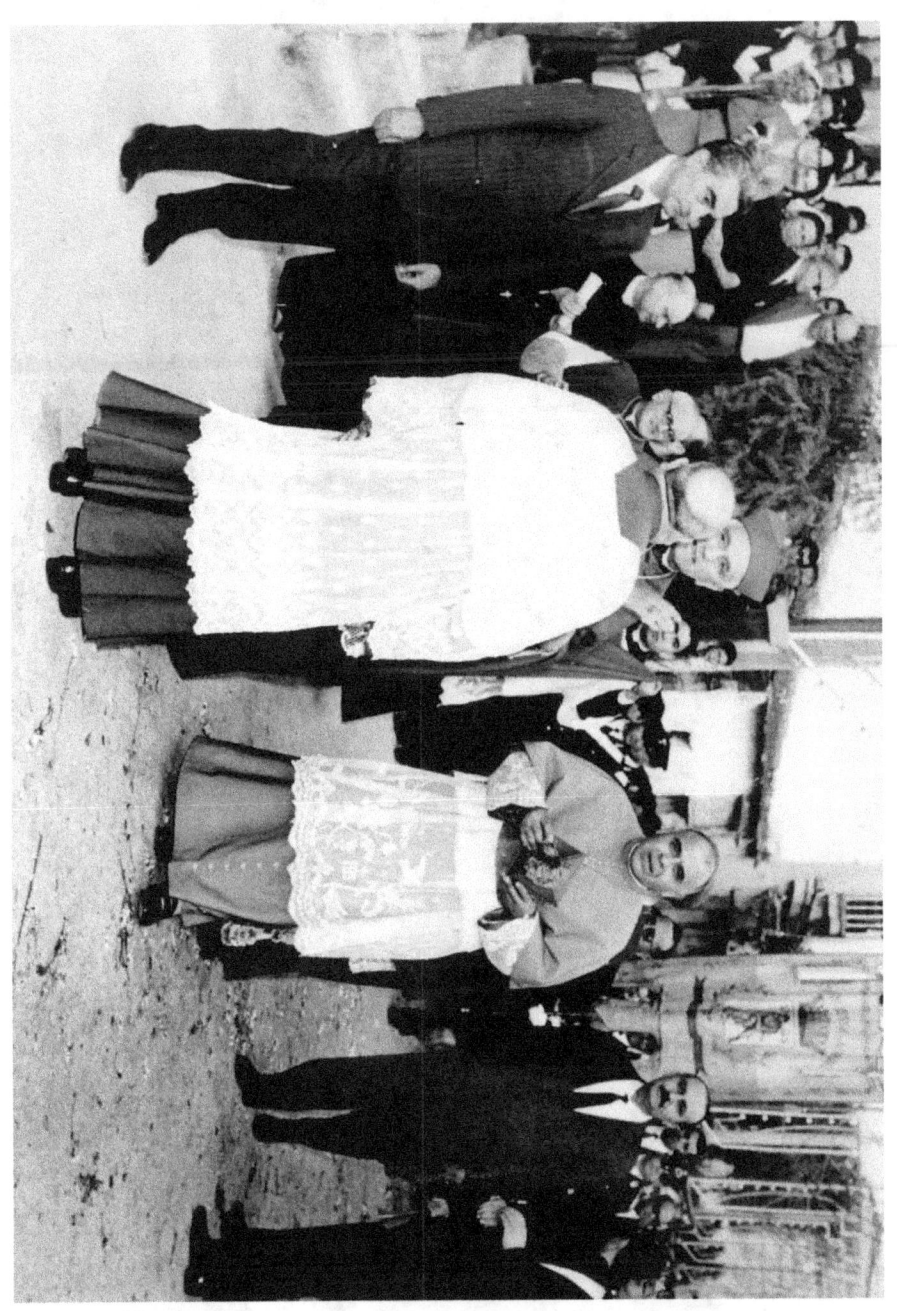

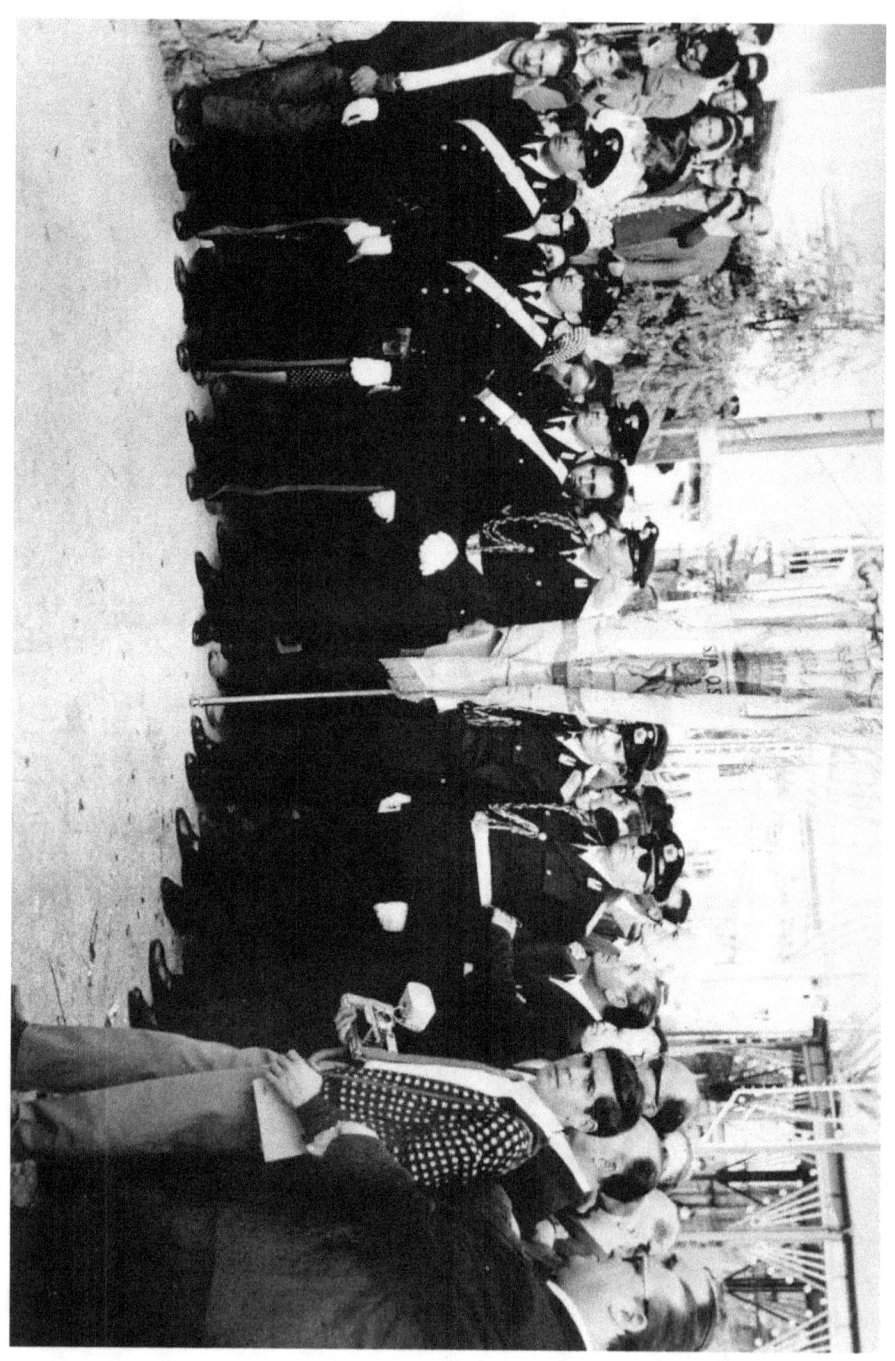

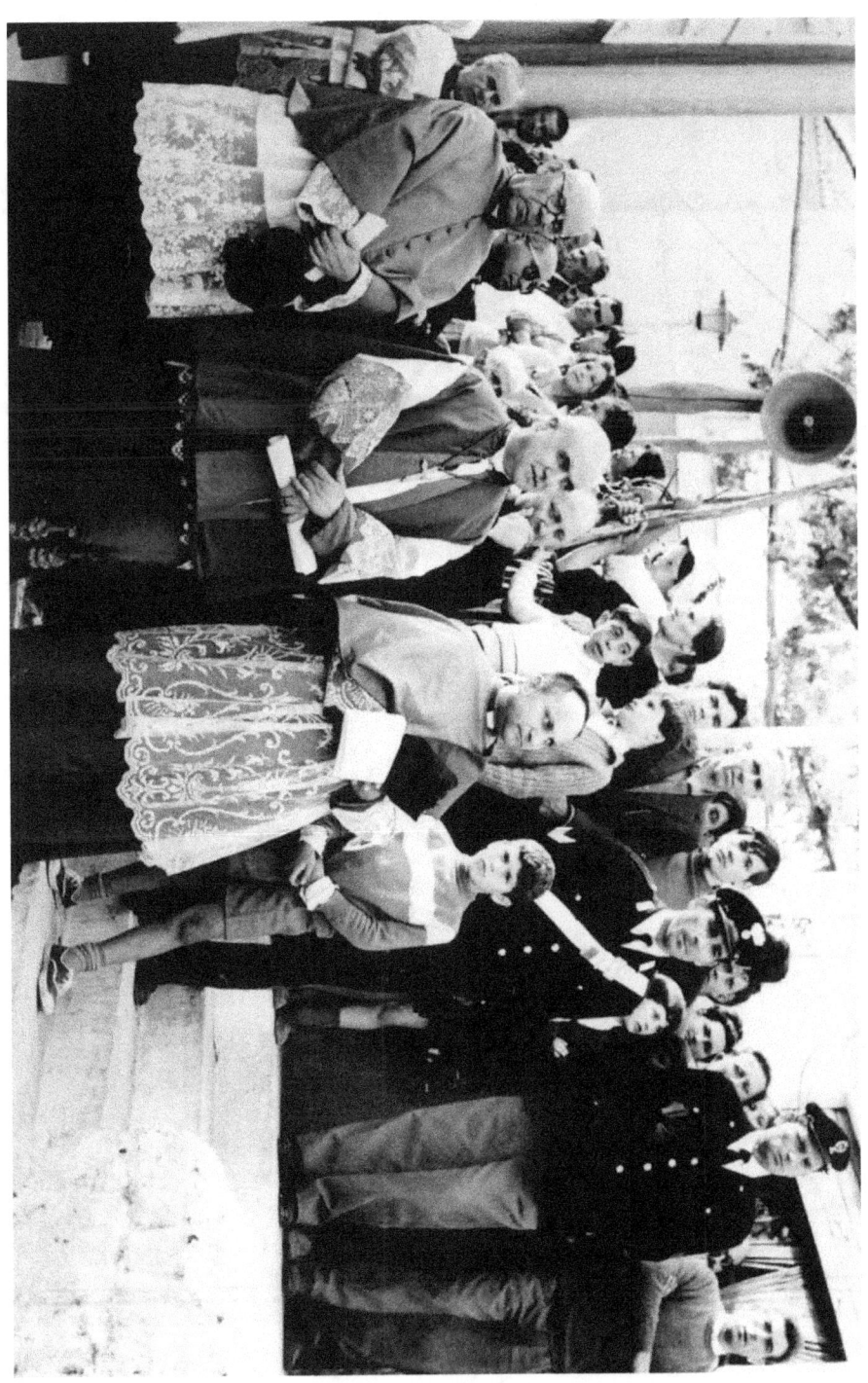

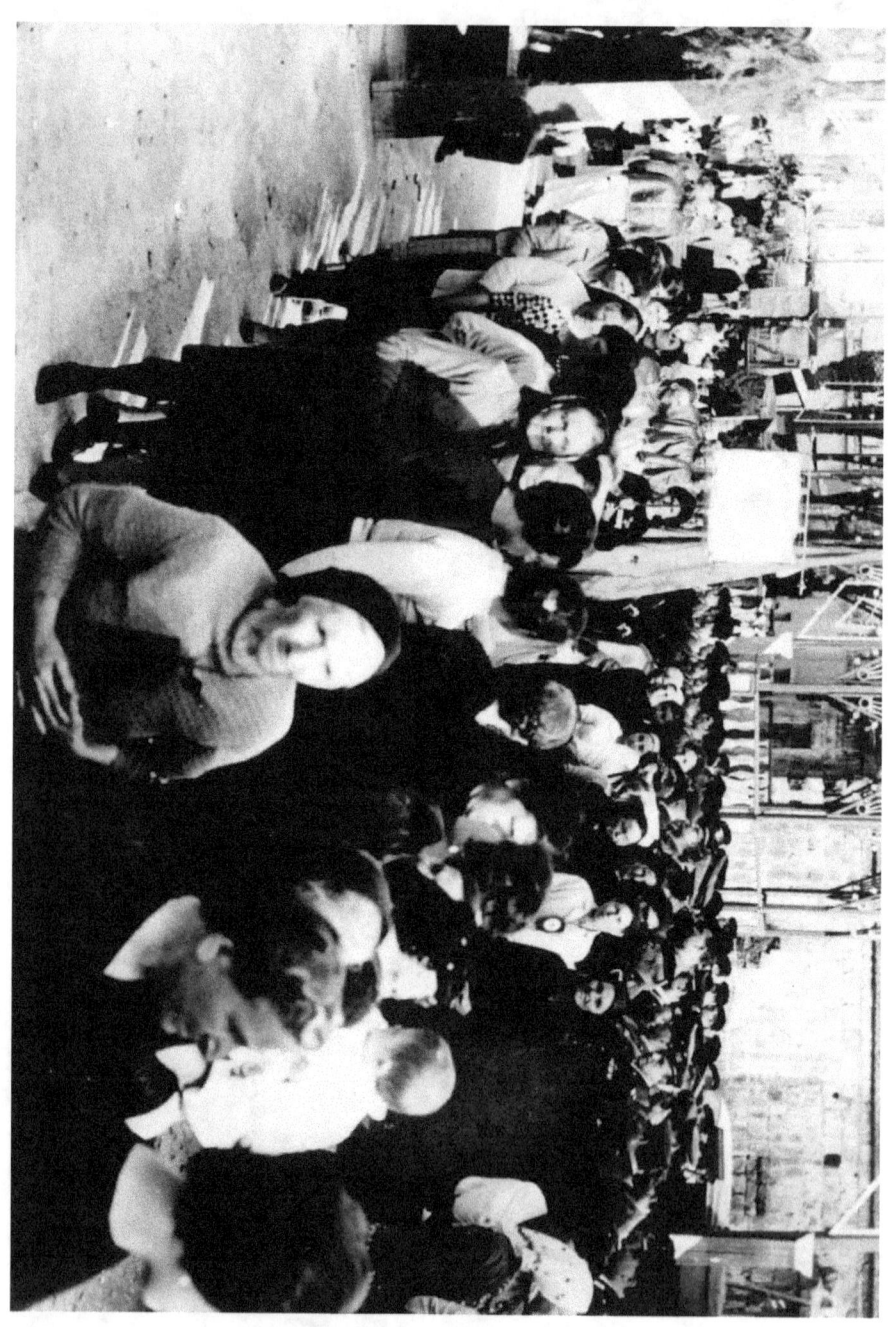

28

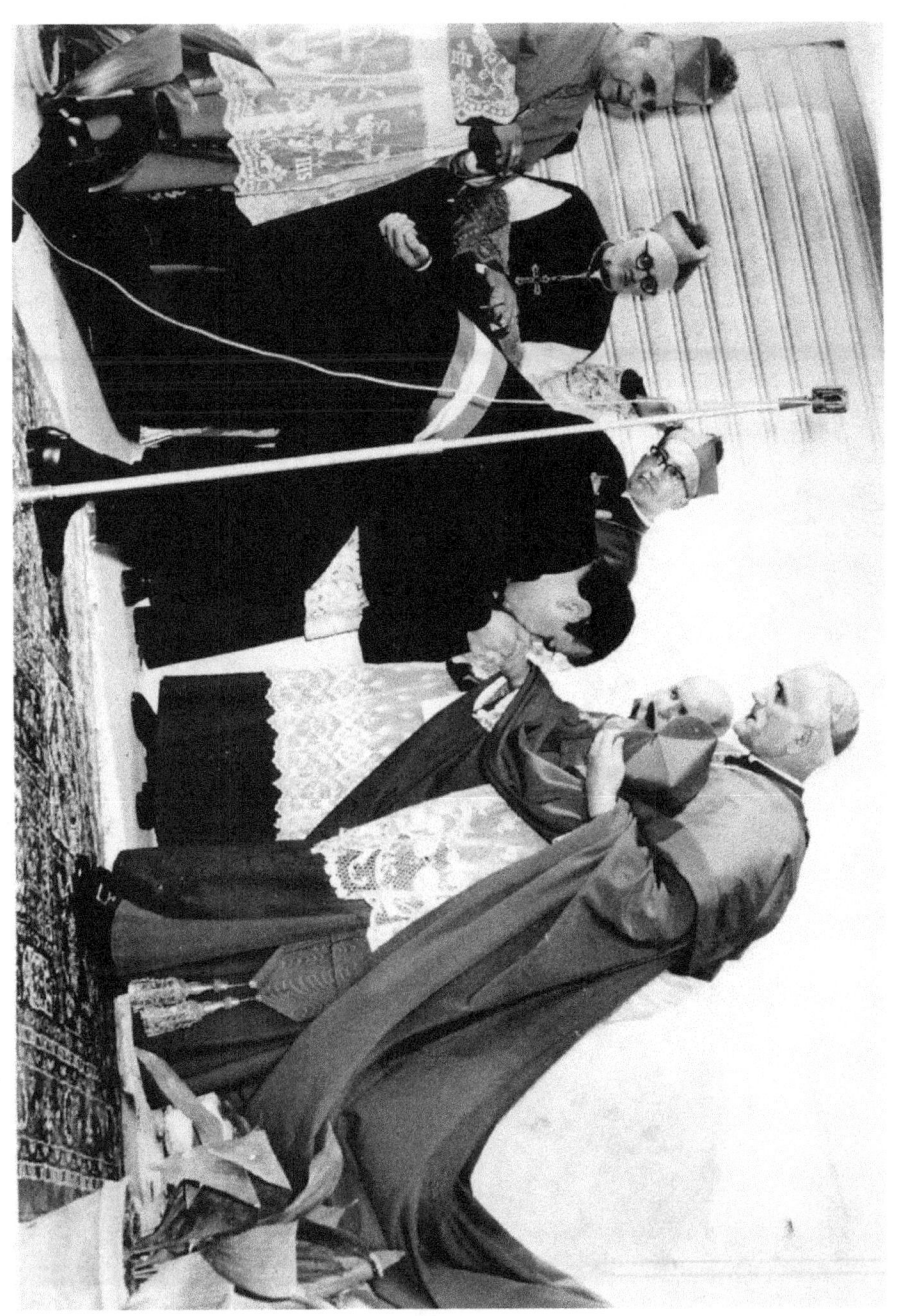

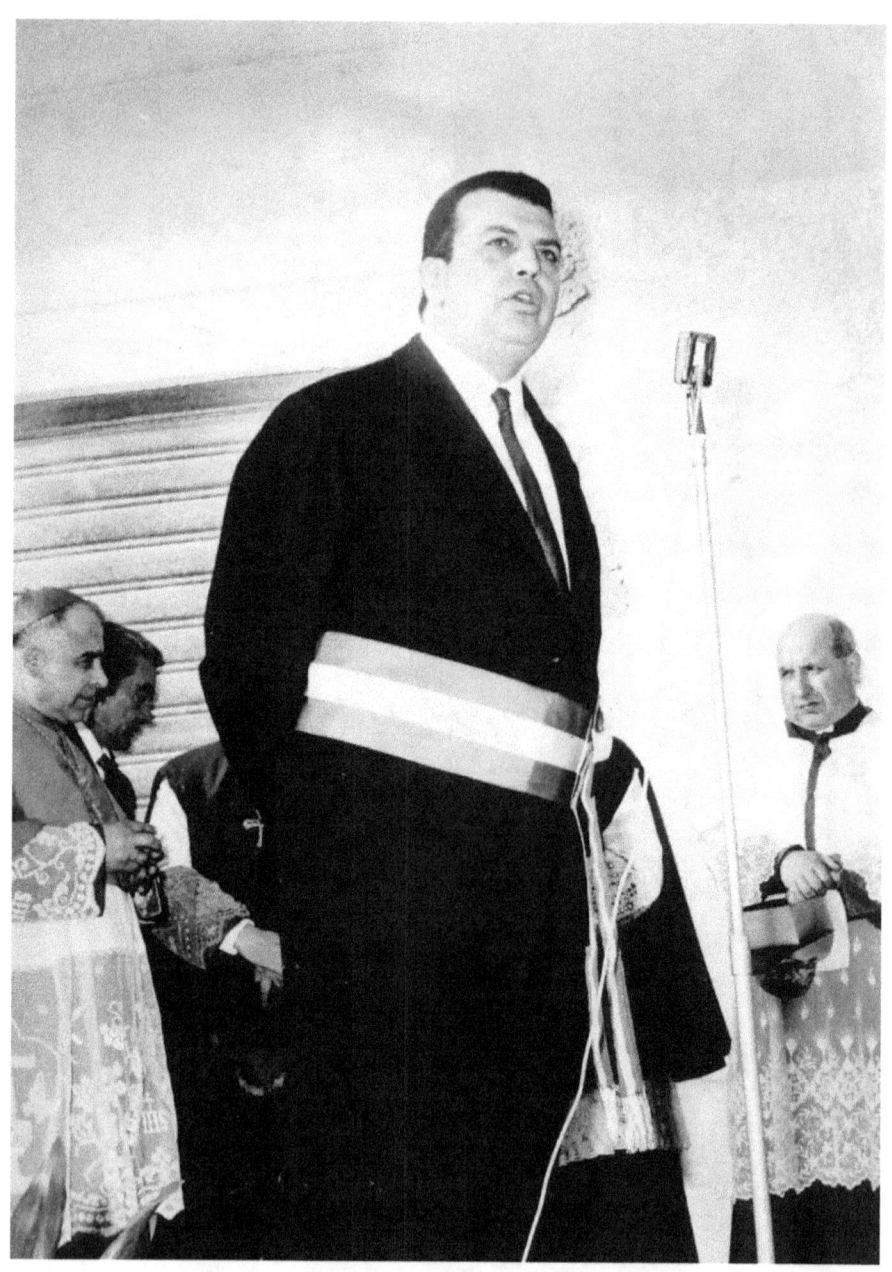

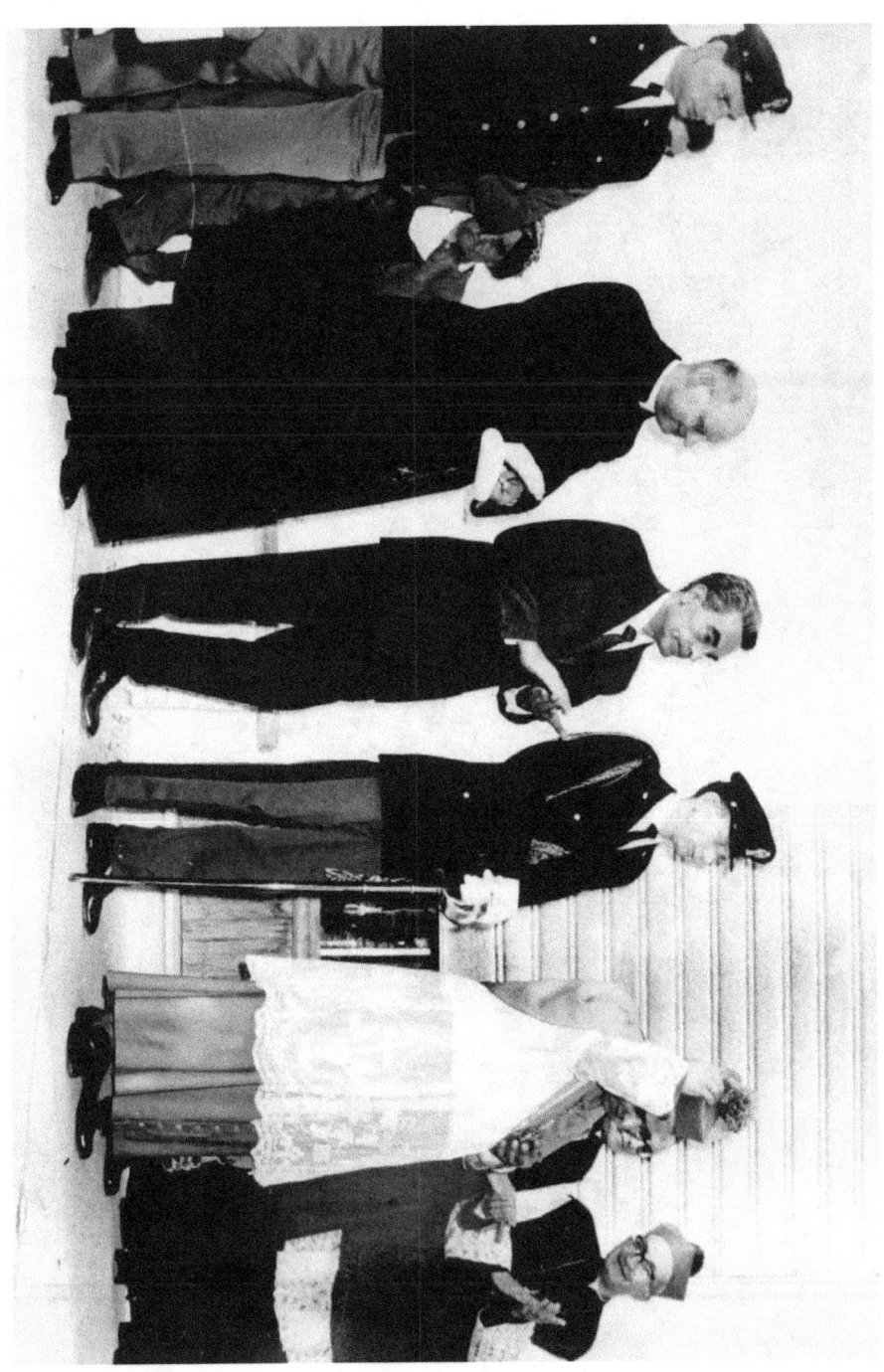

31

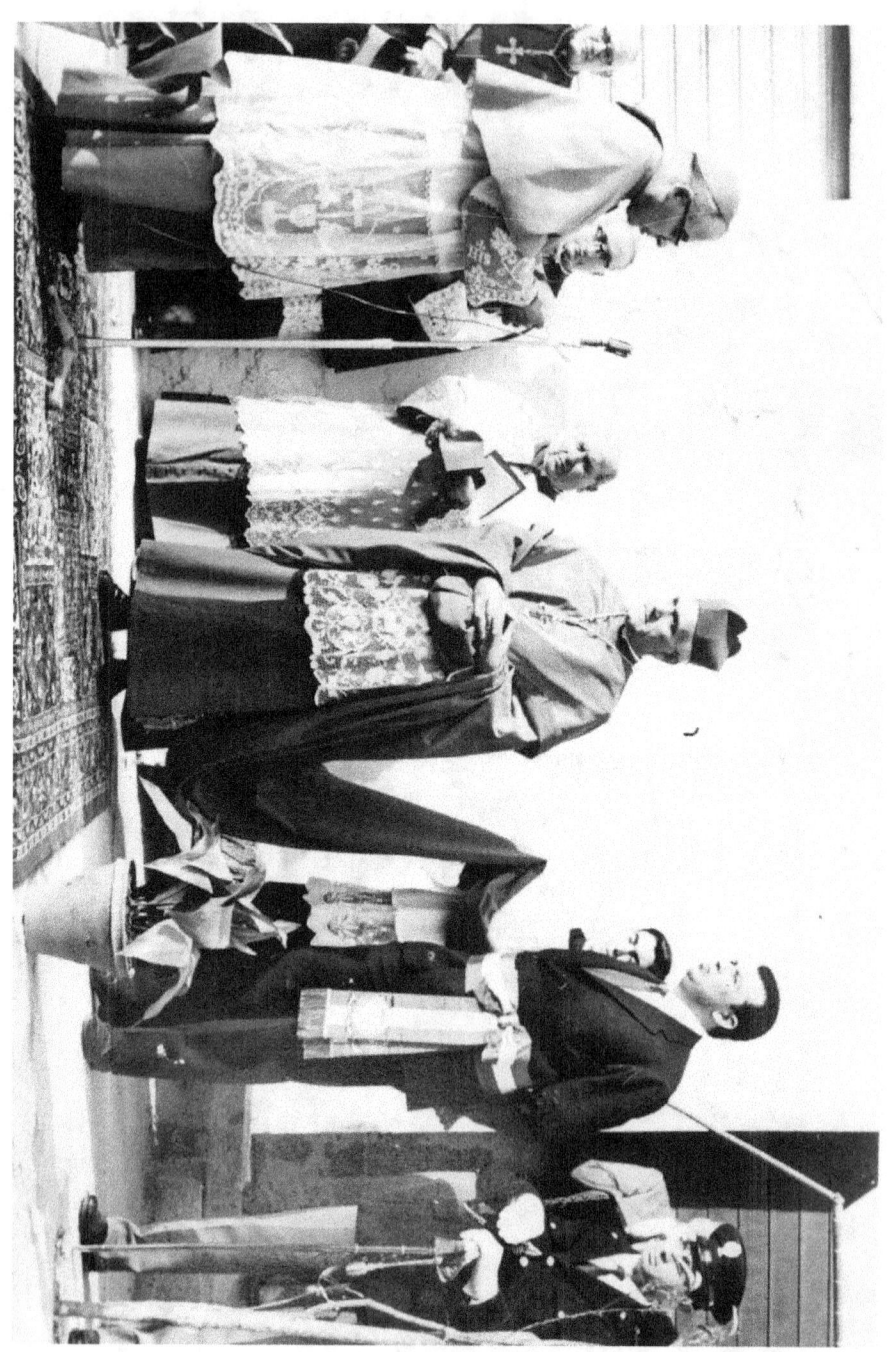

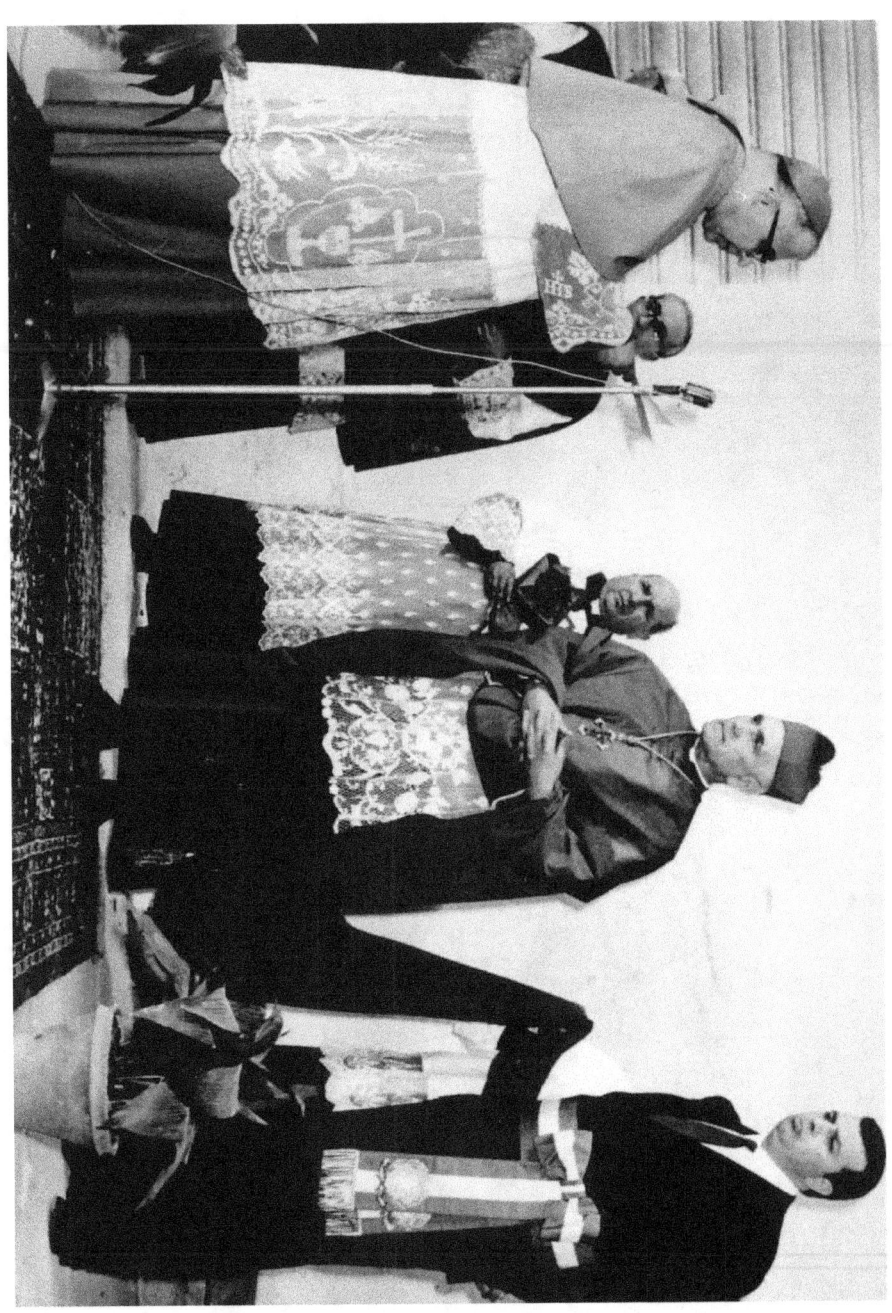

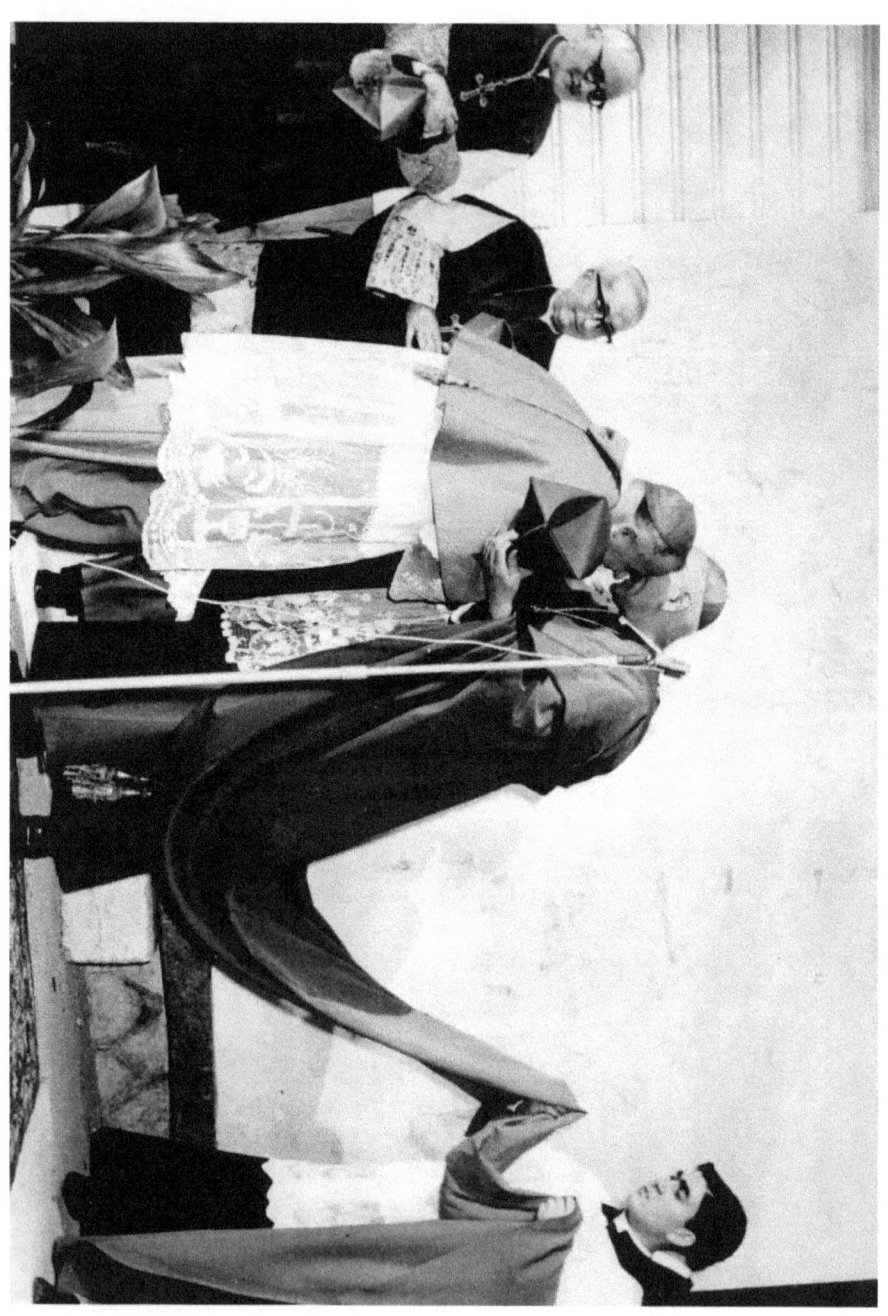

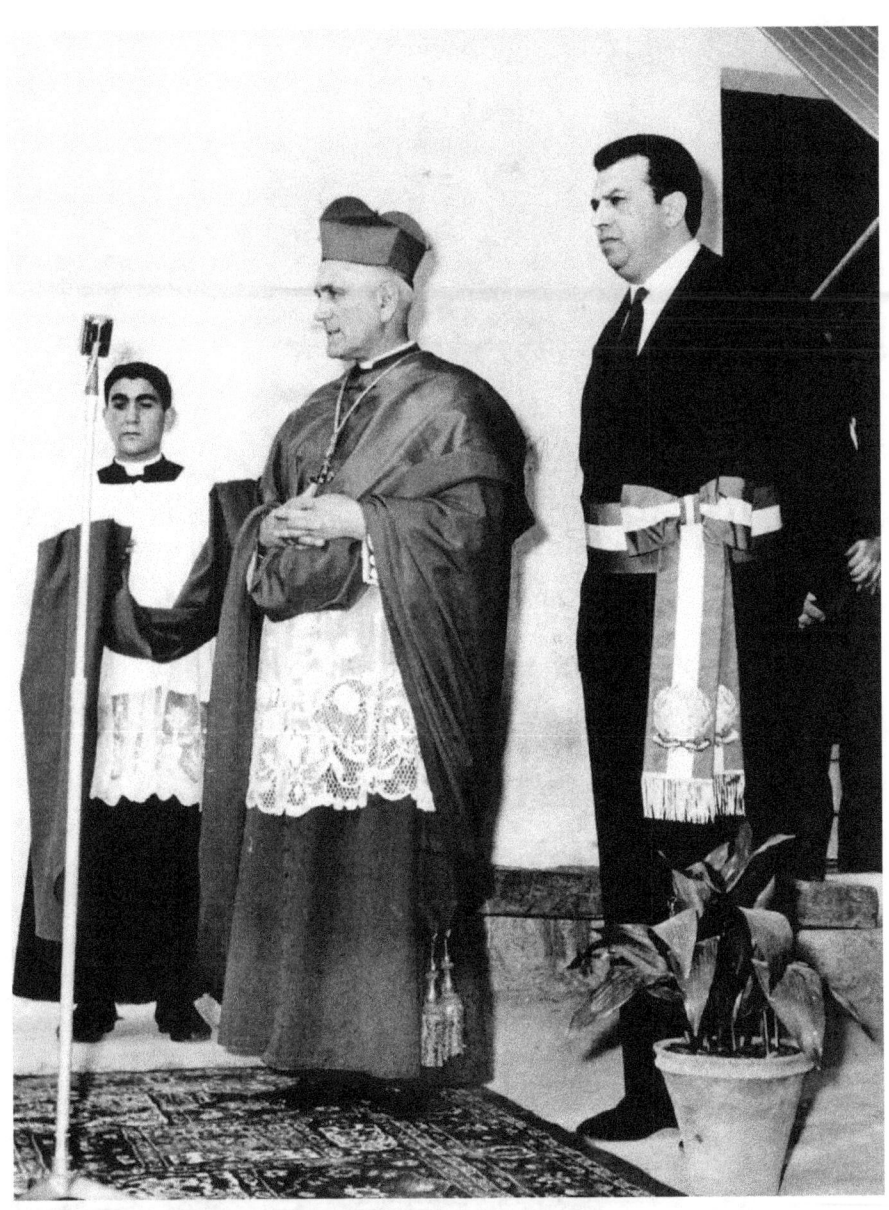

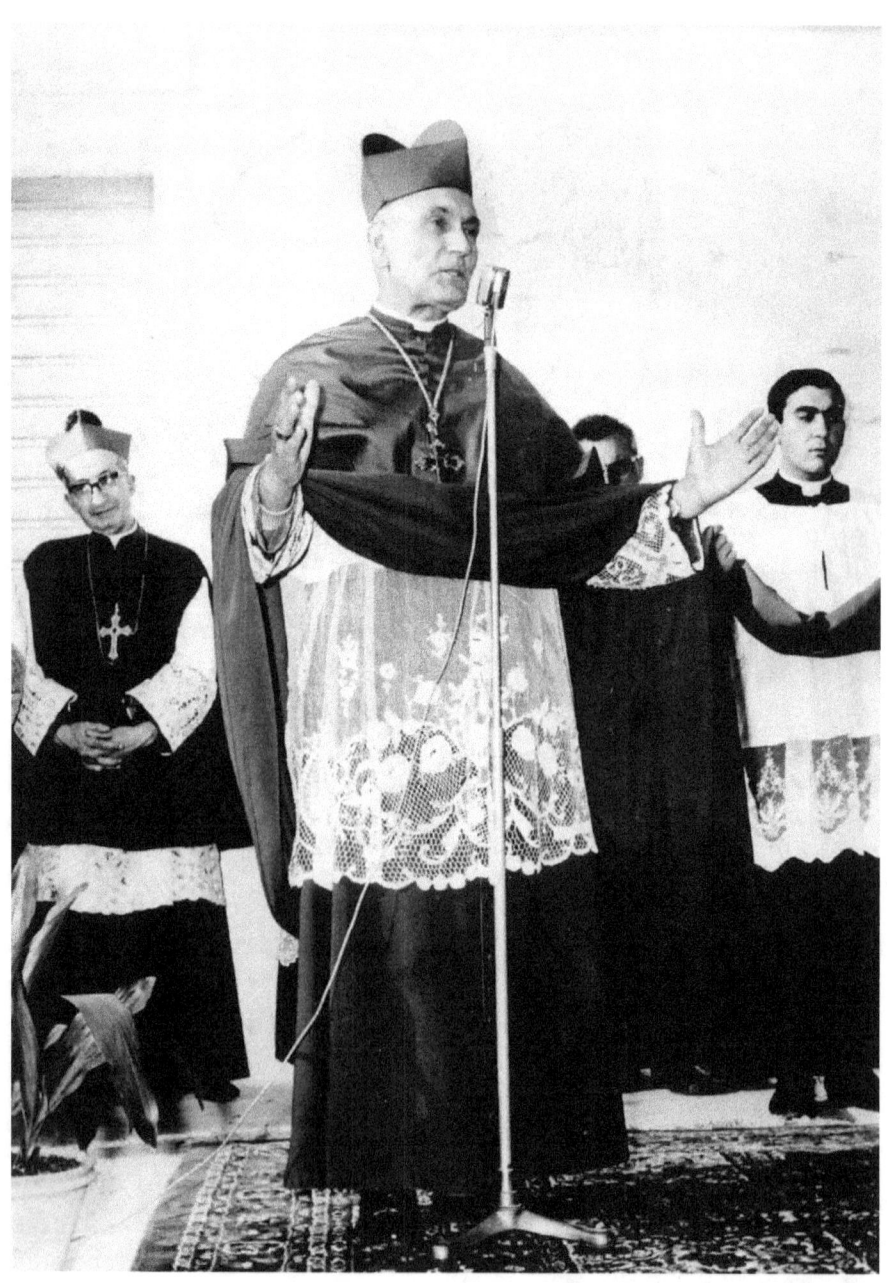

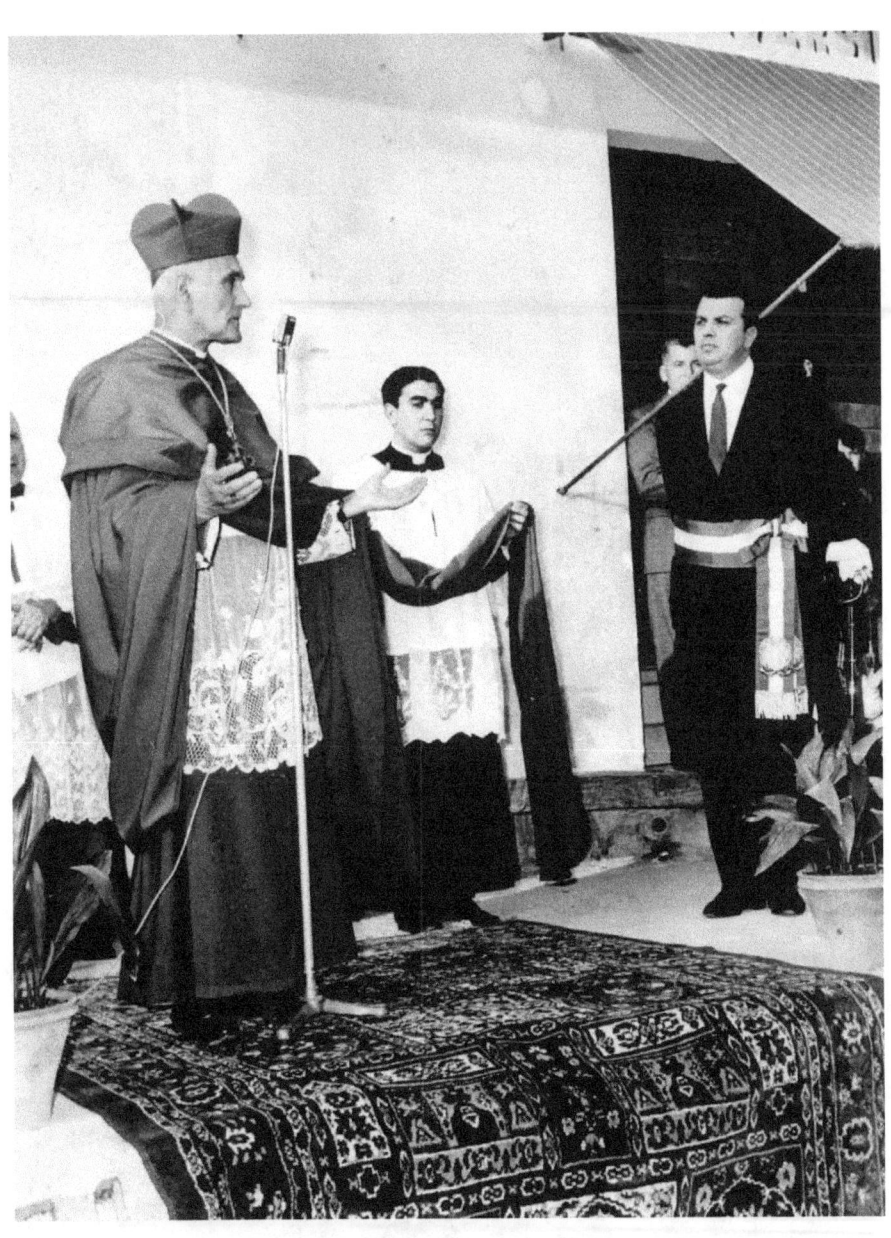

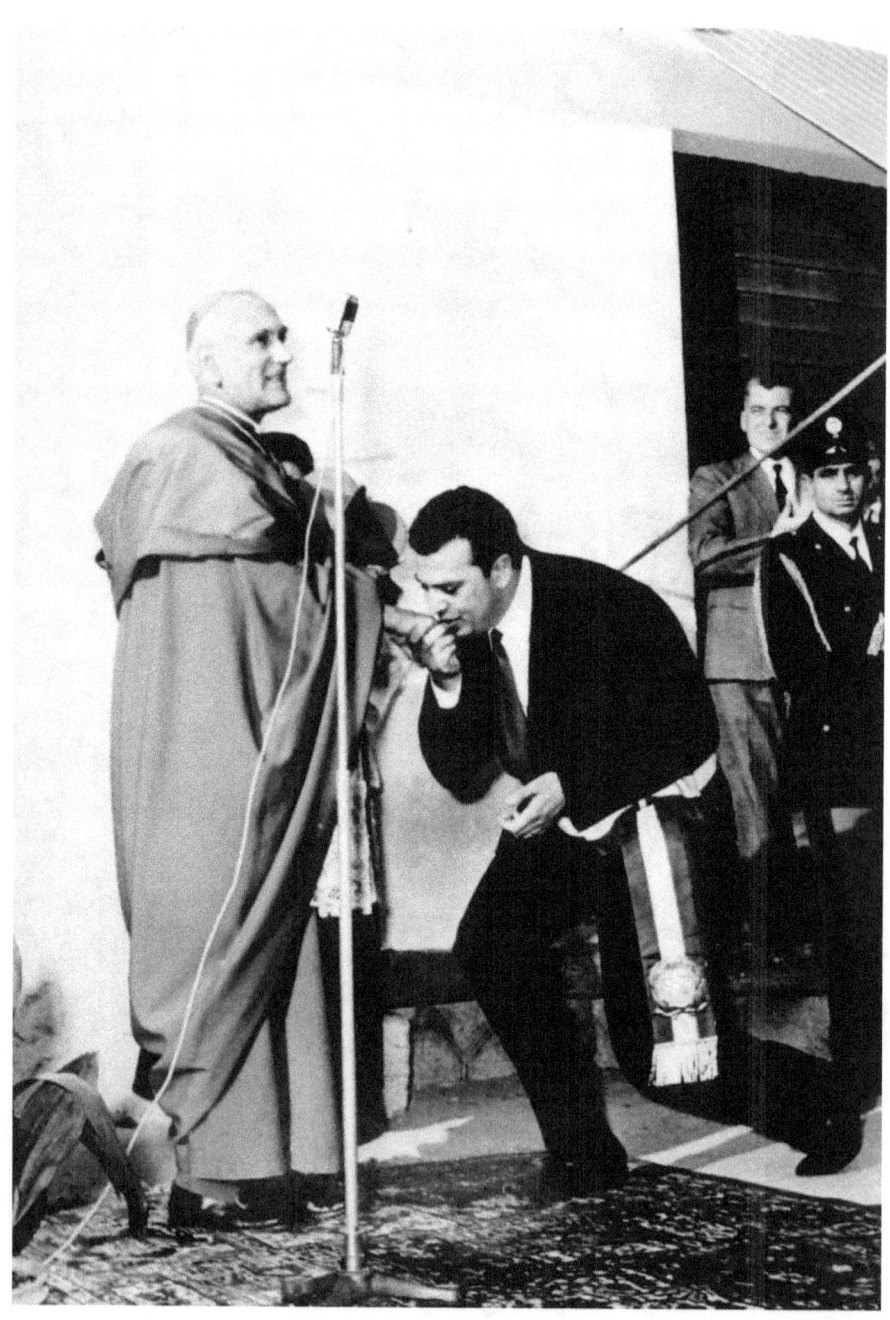

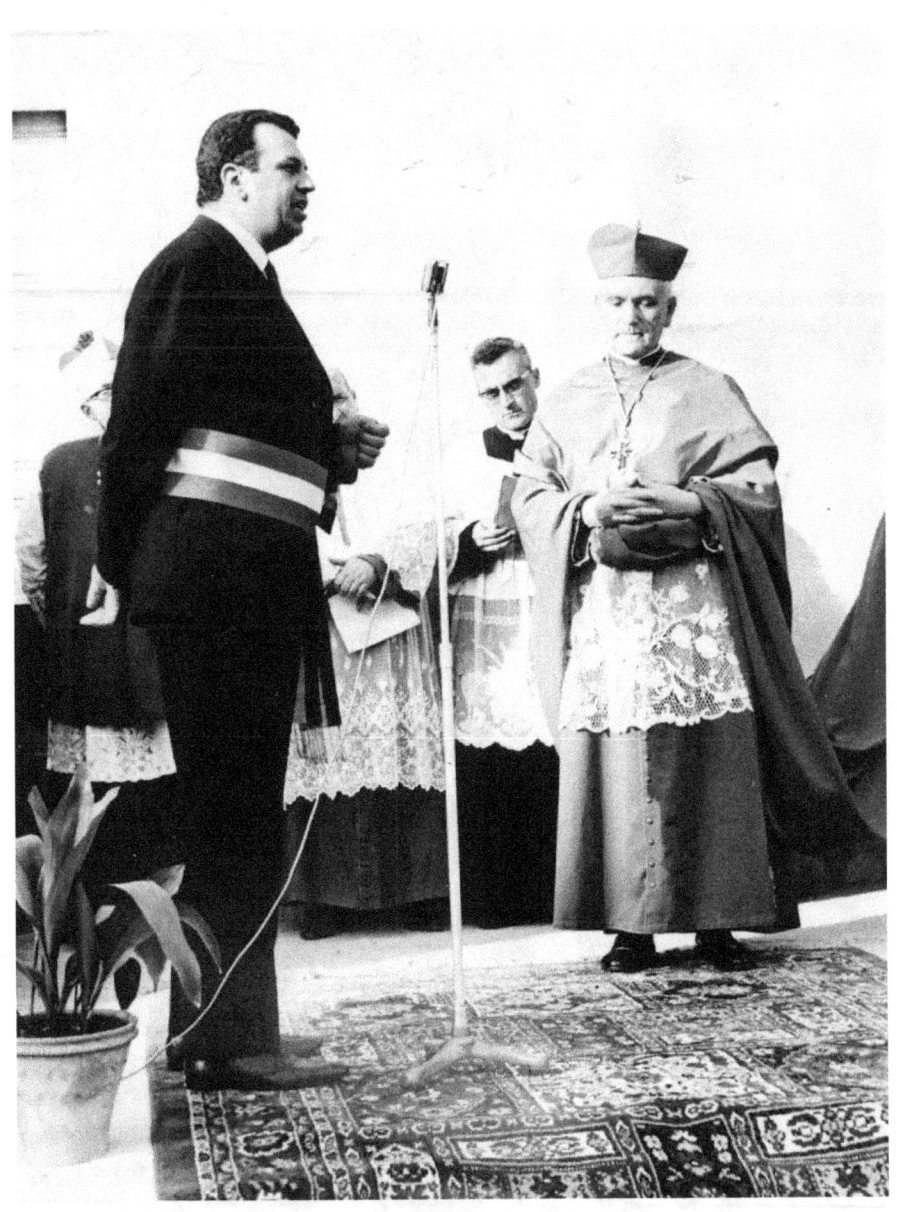

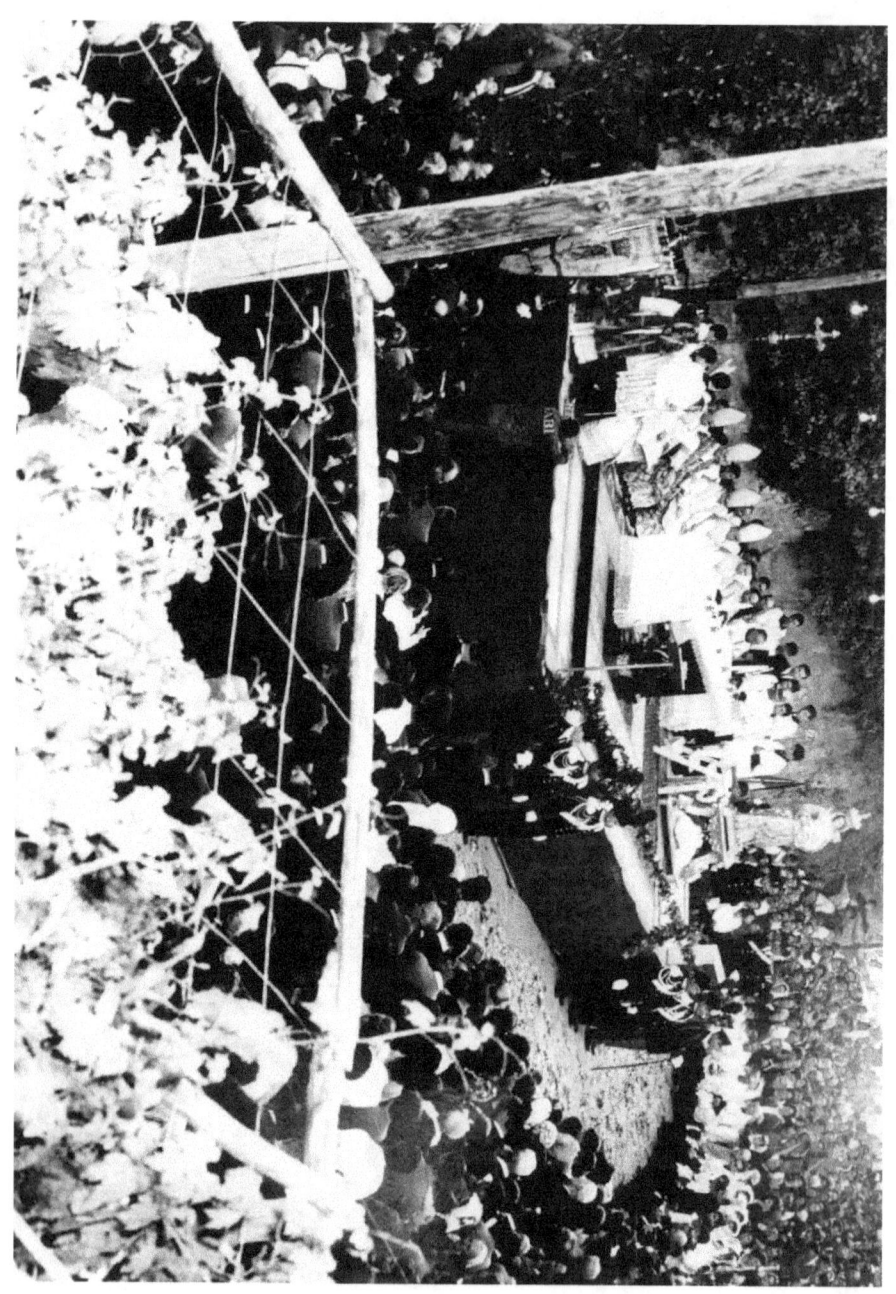

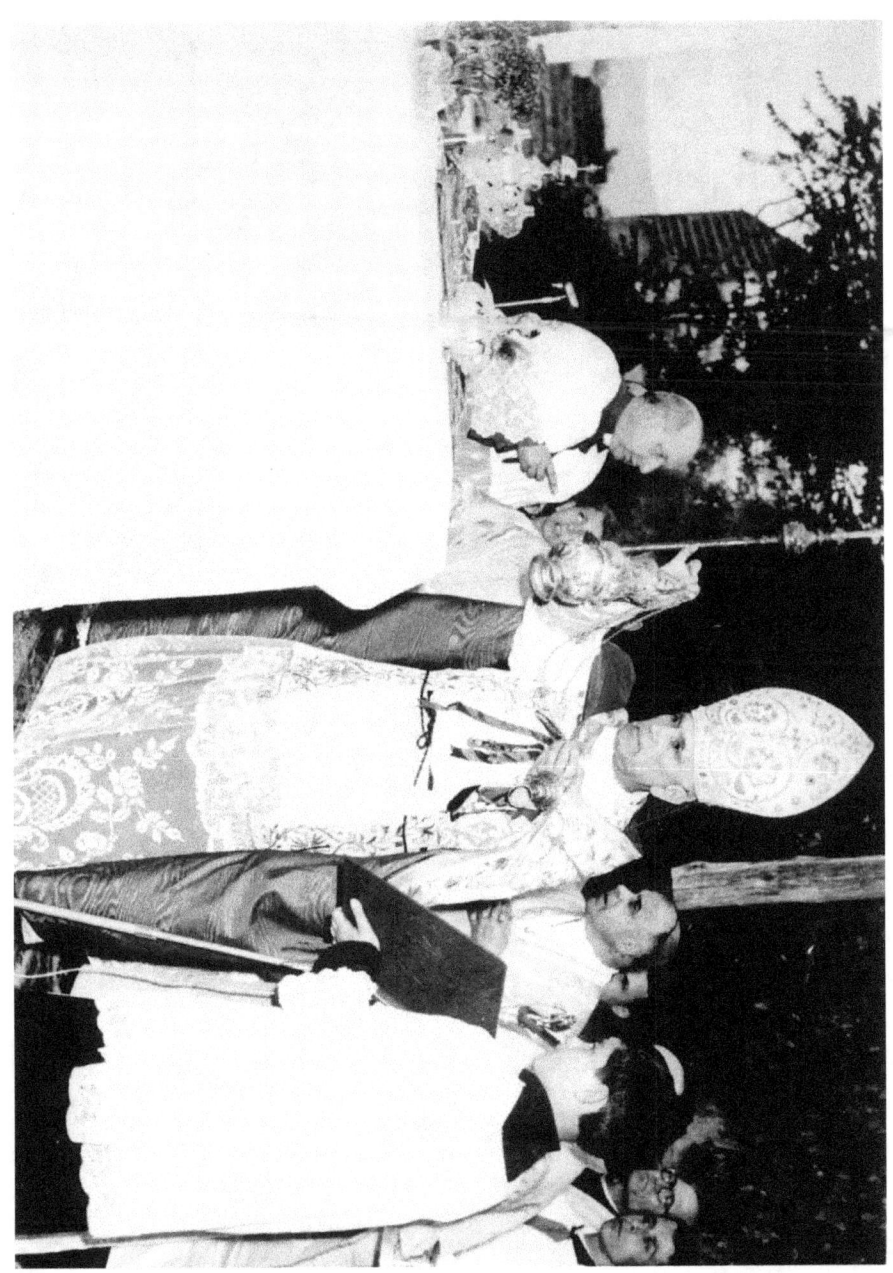

41

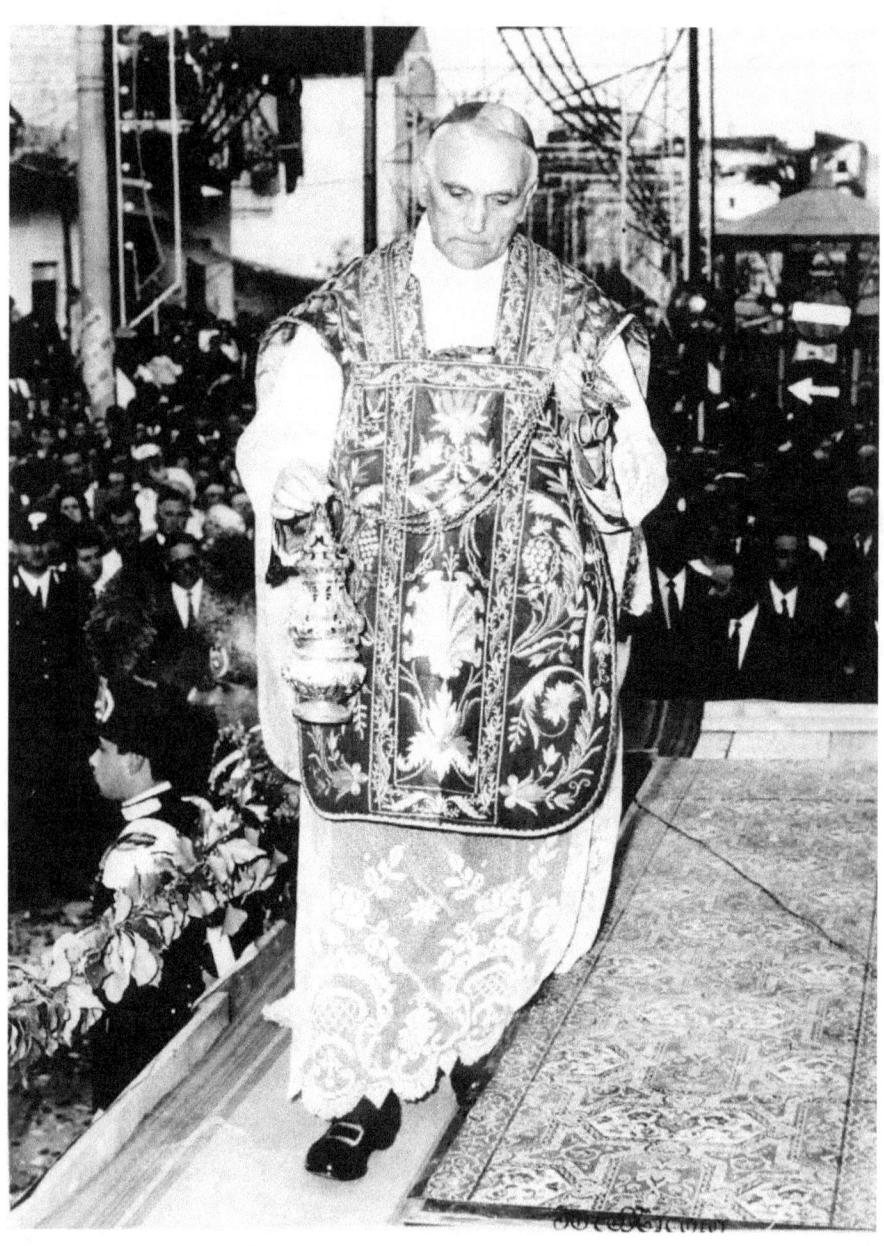

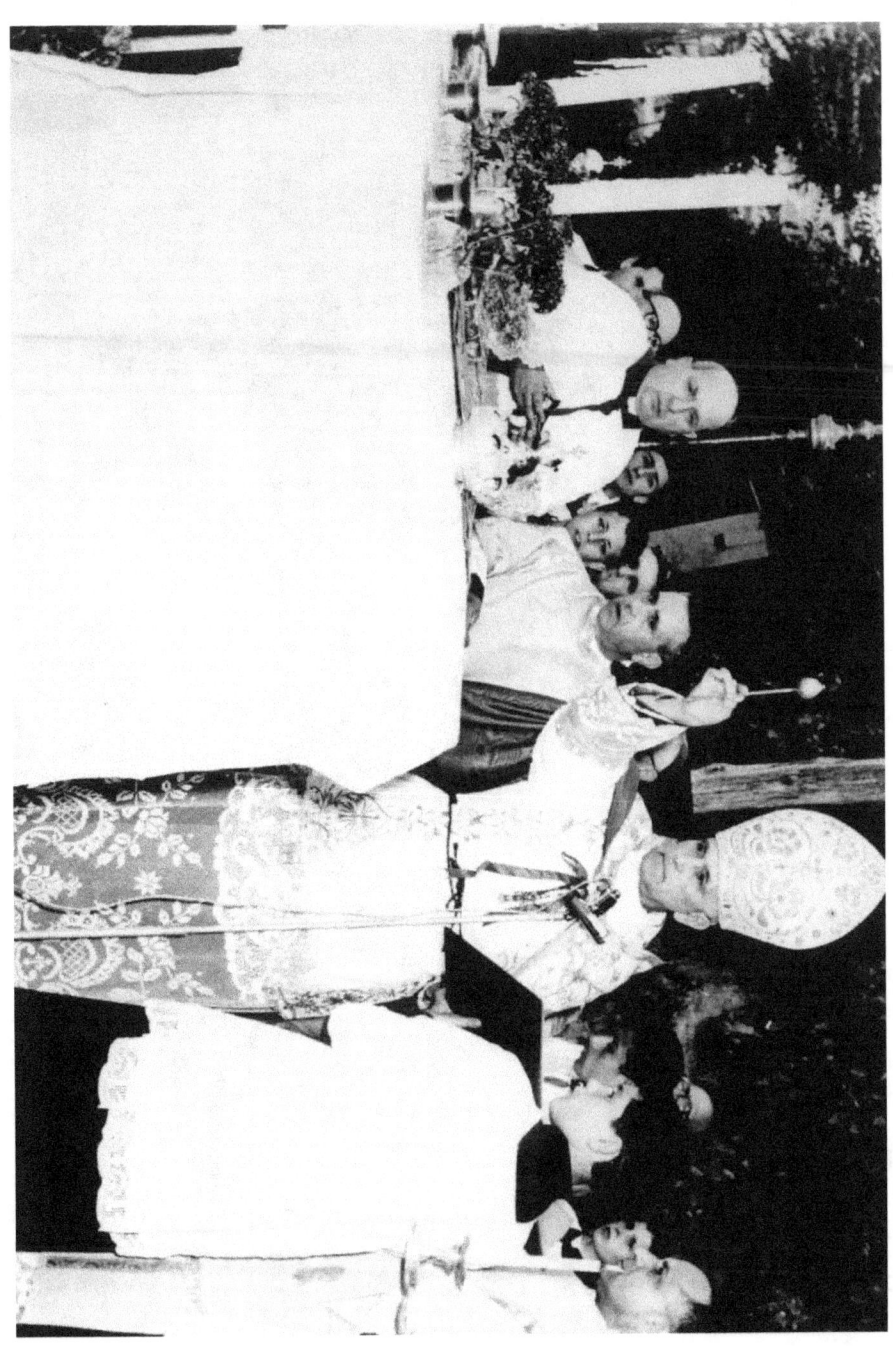

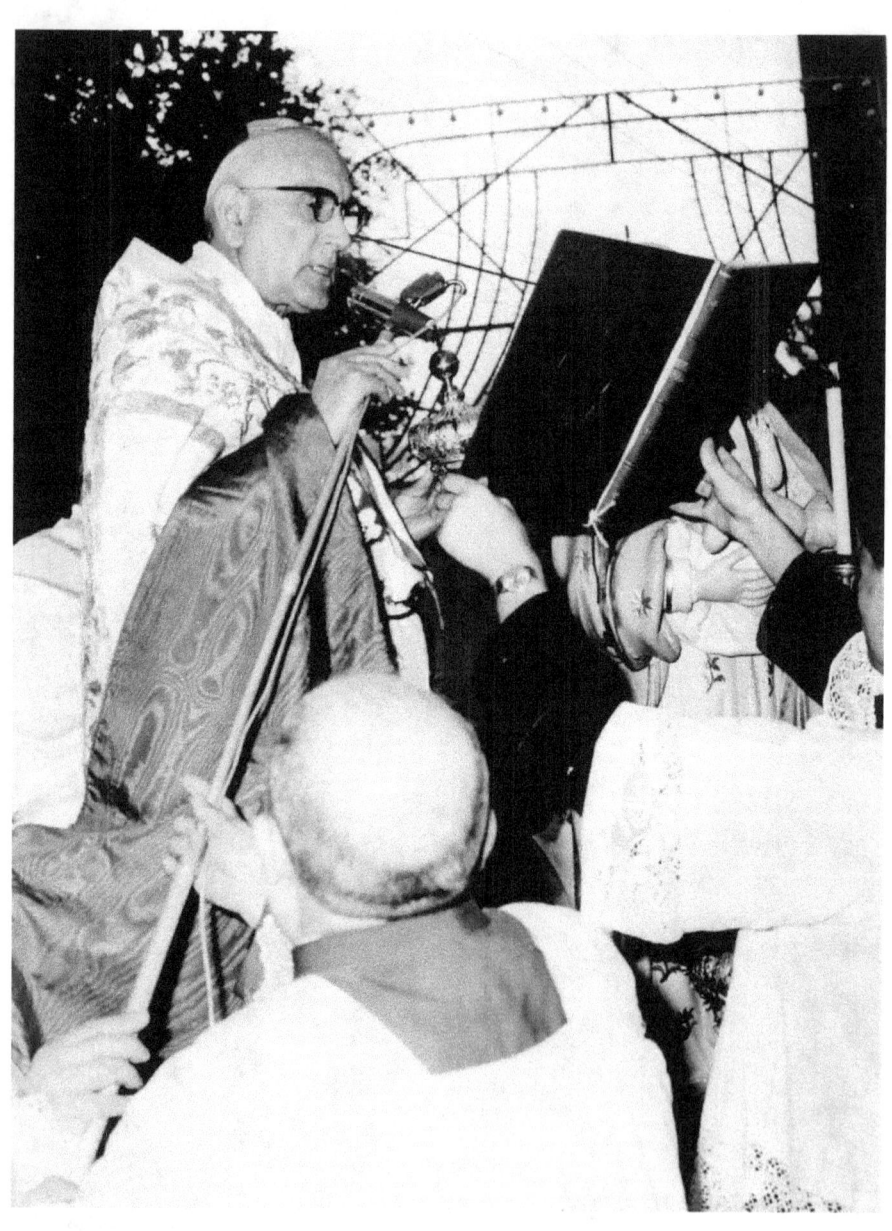

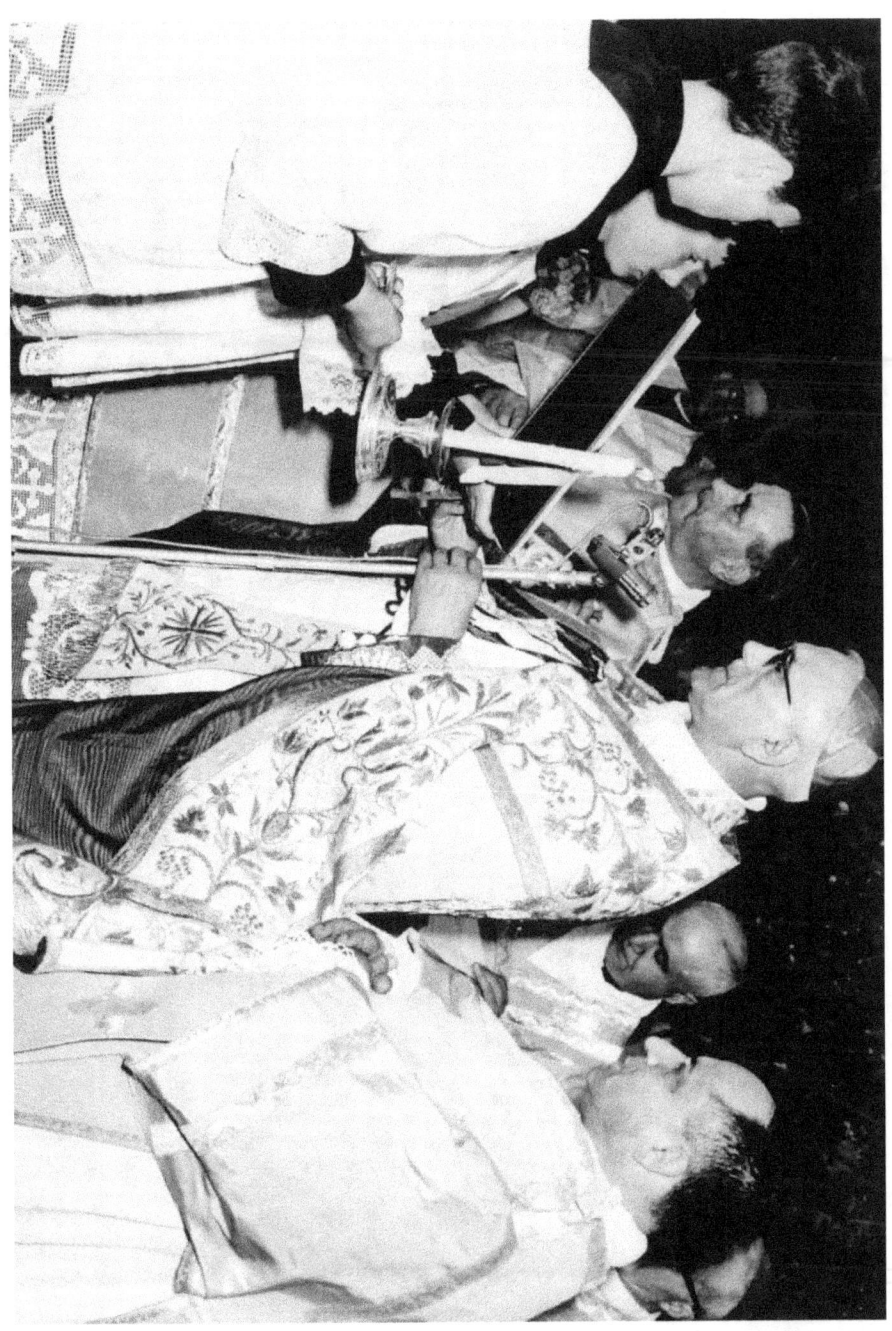

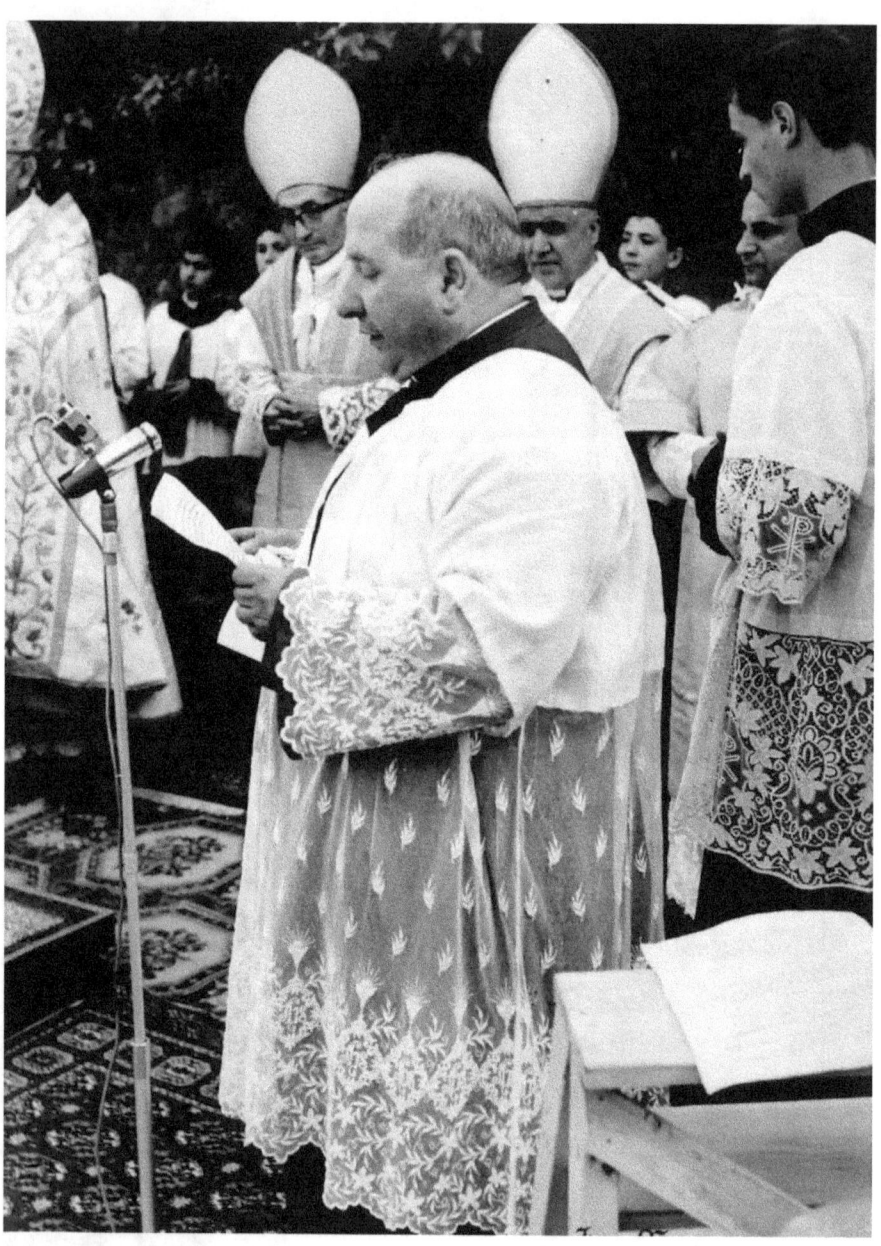

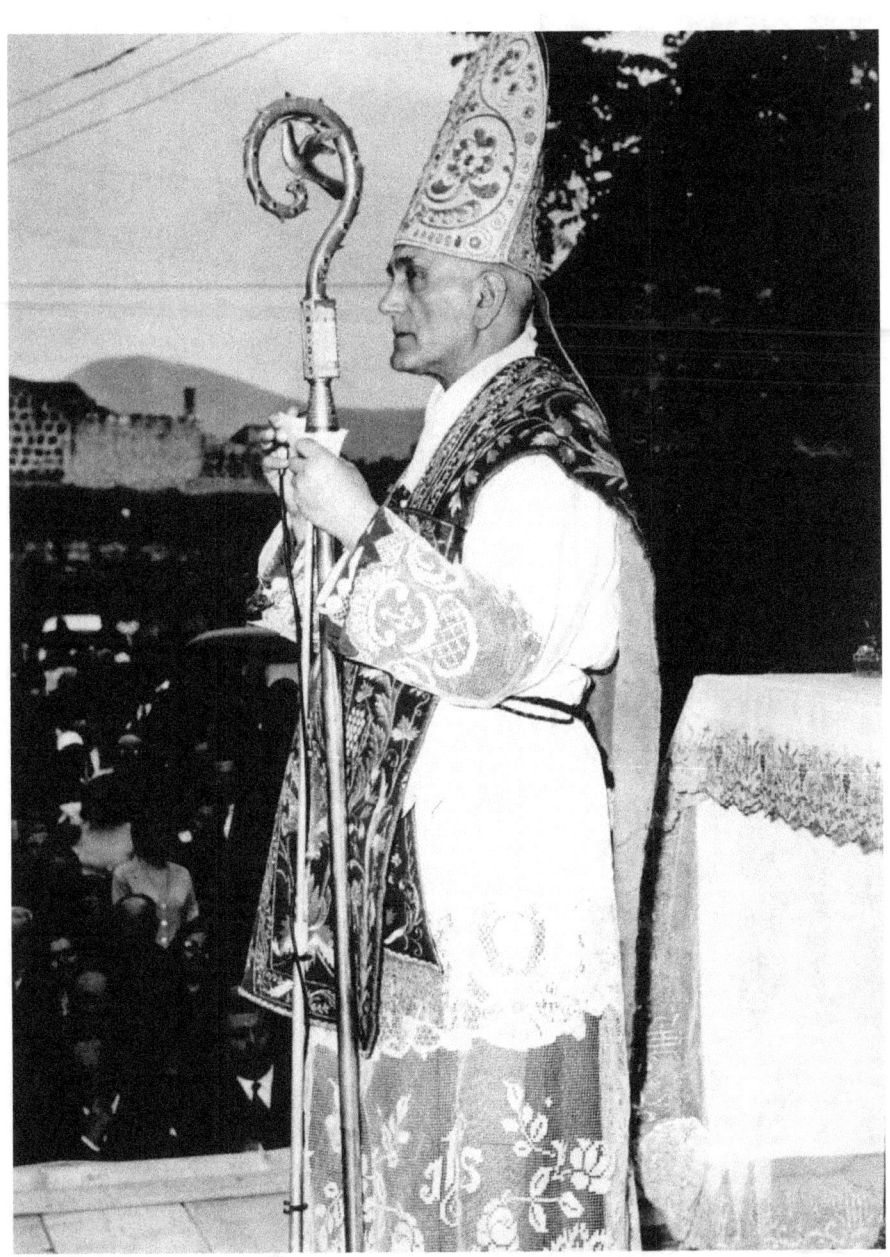

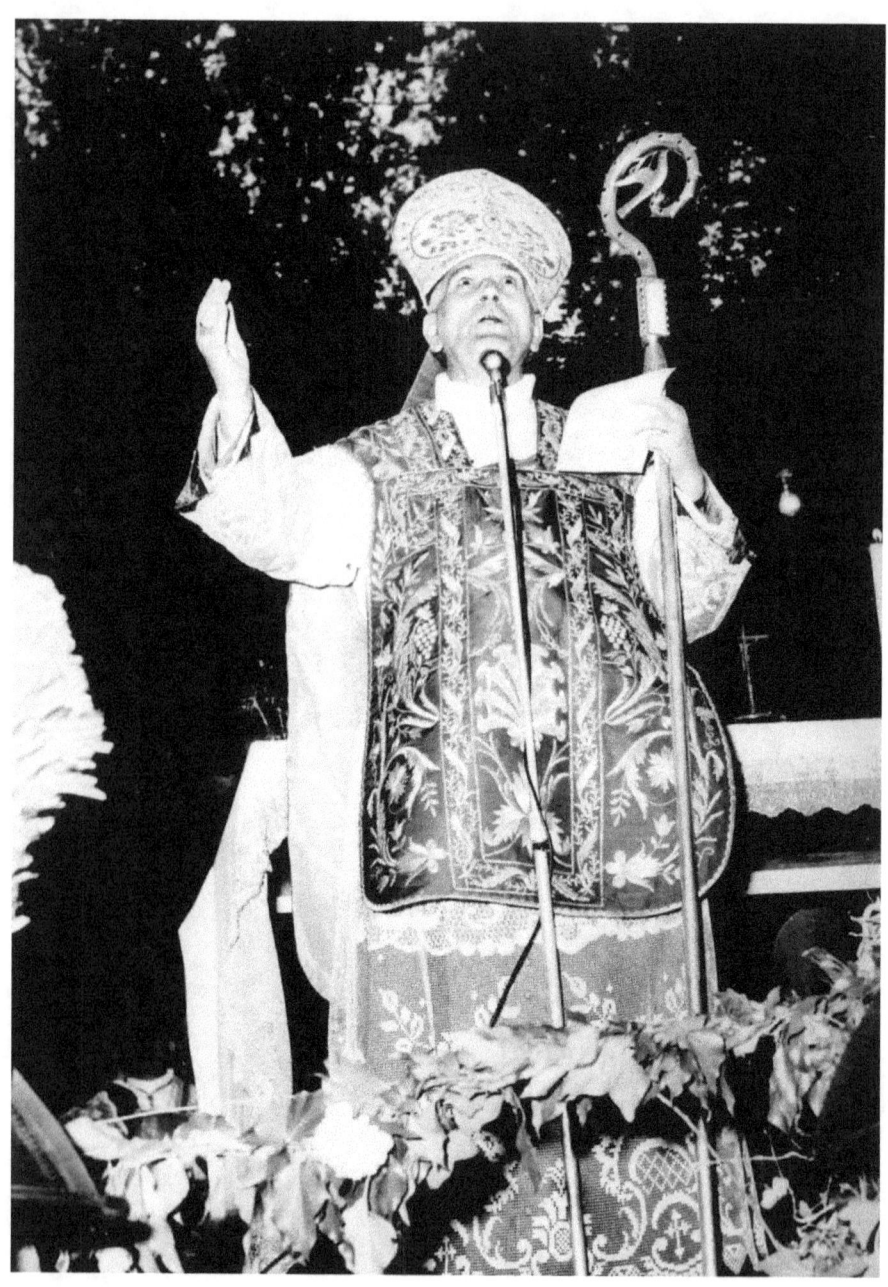

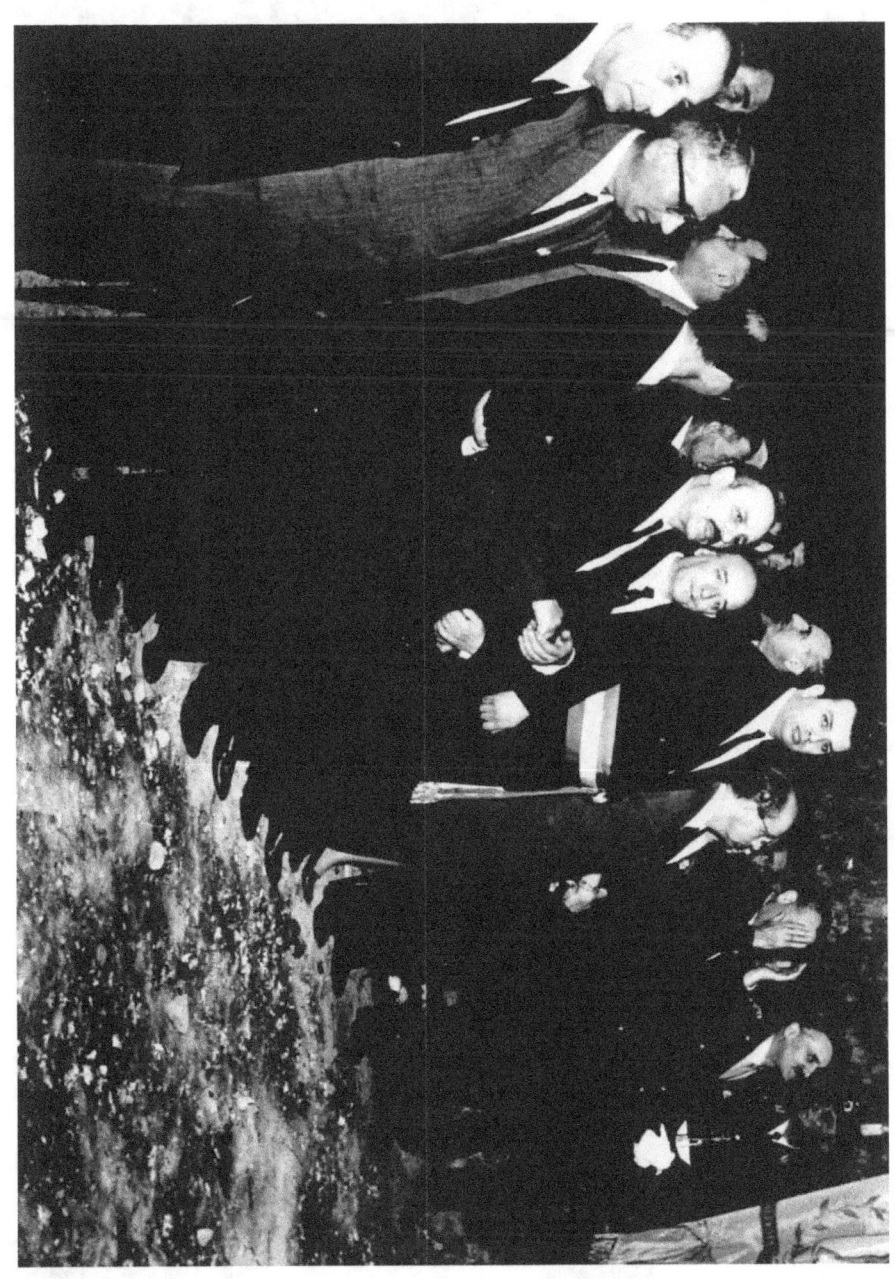

49

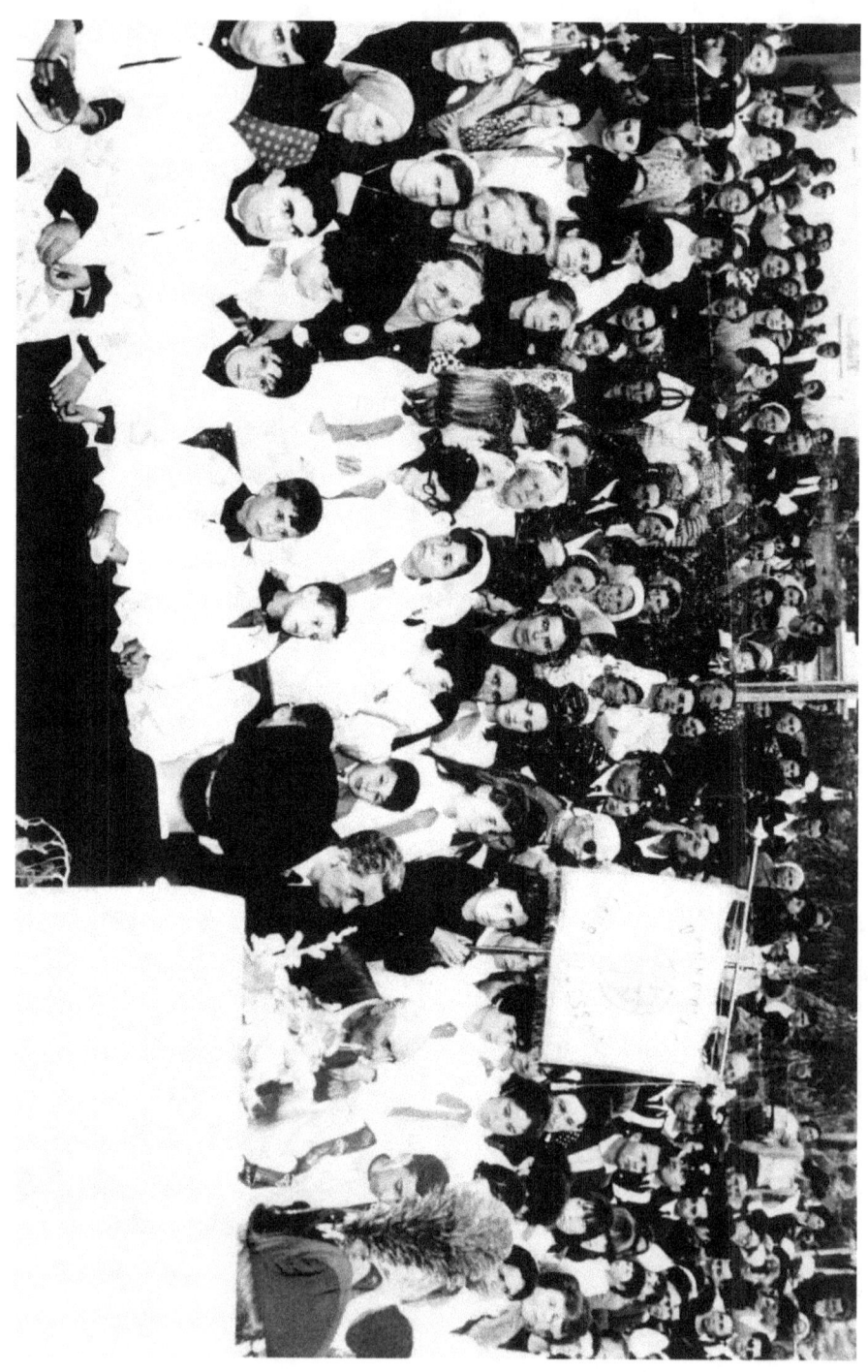

50

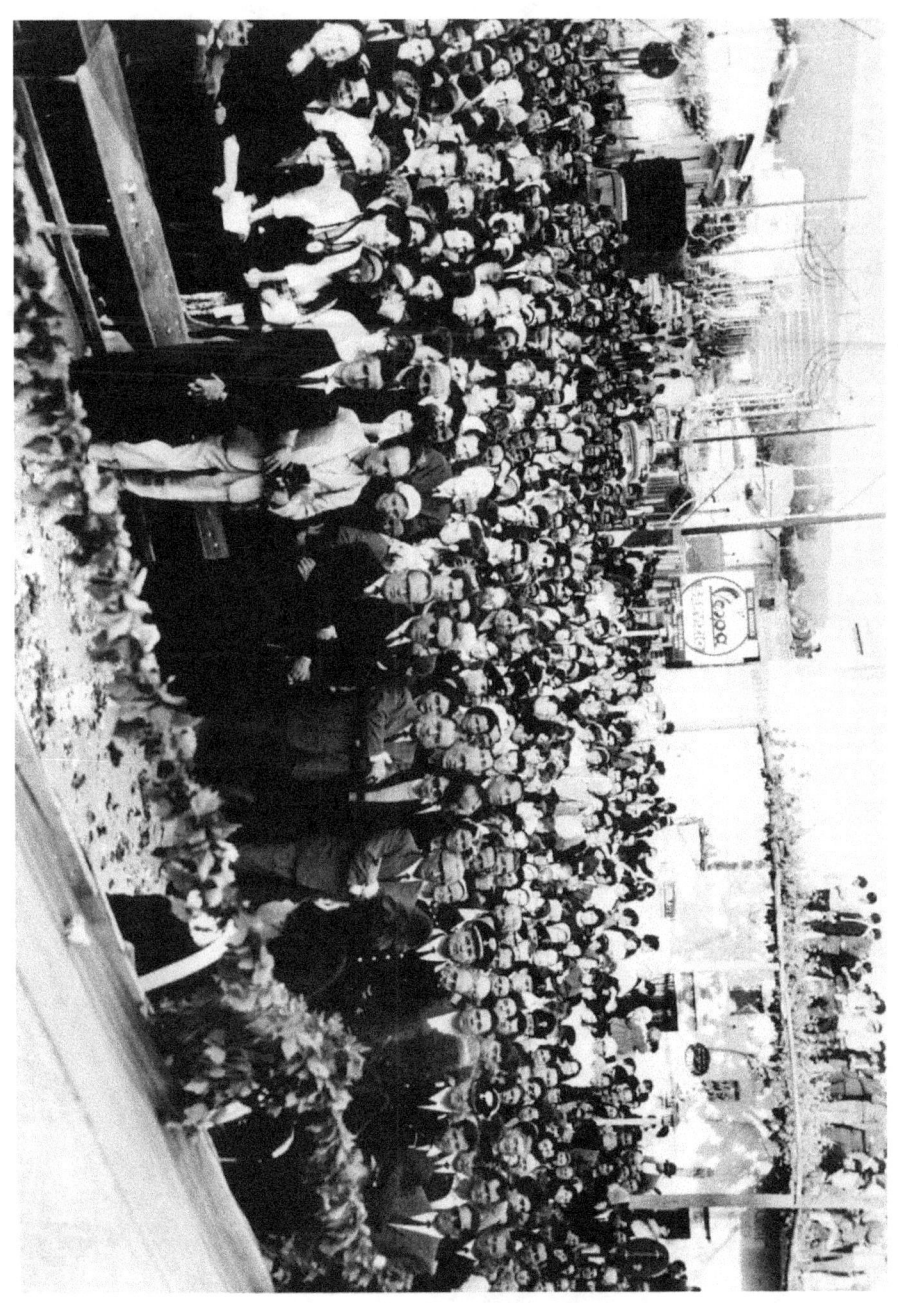

51

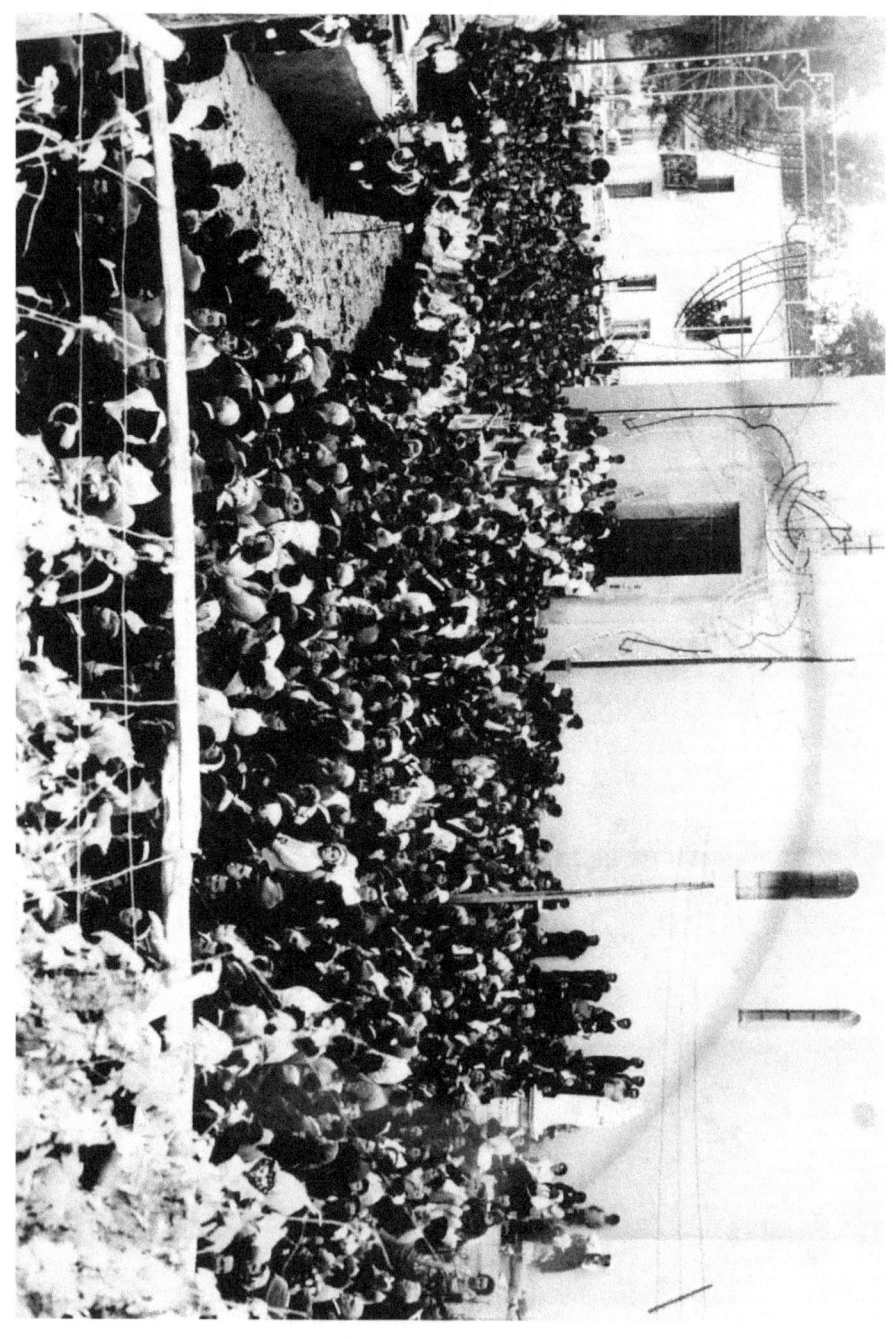

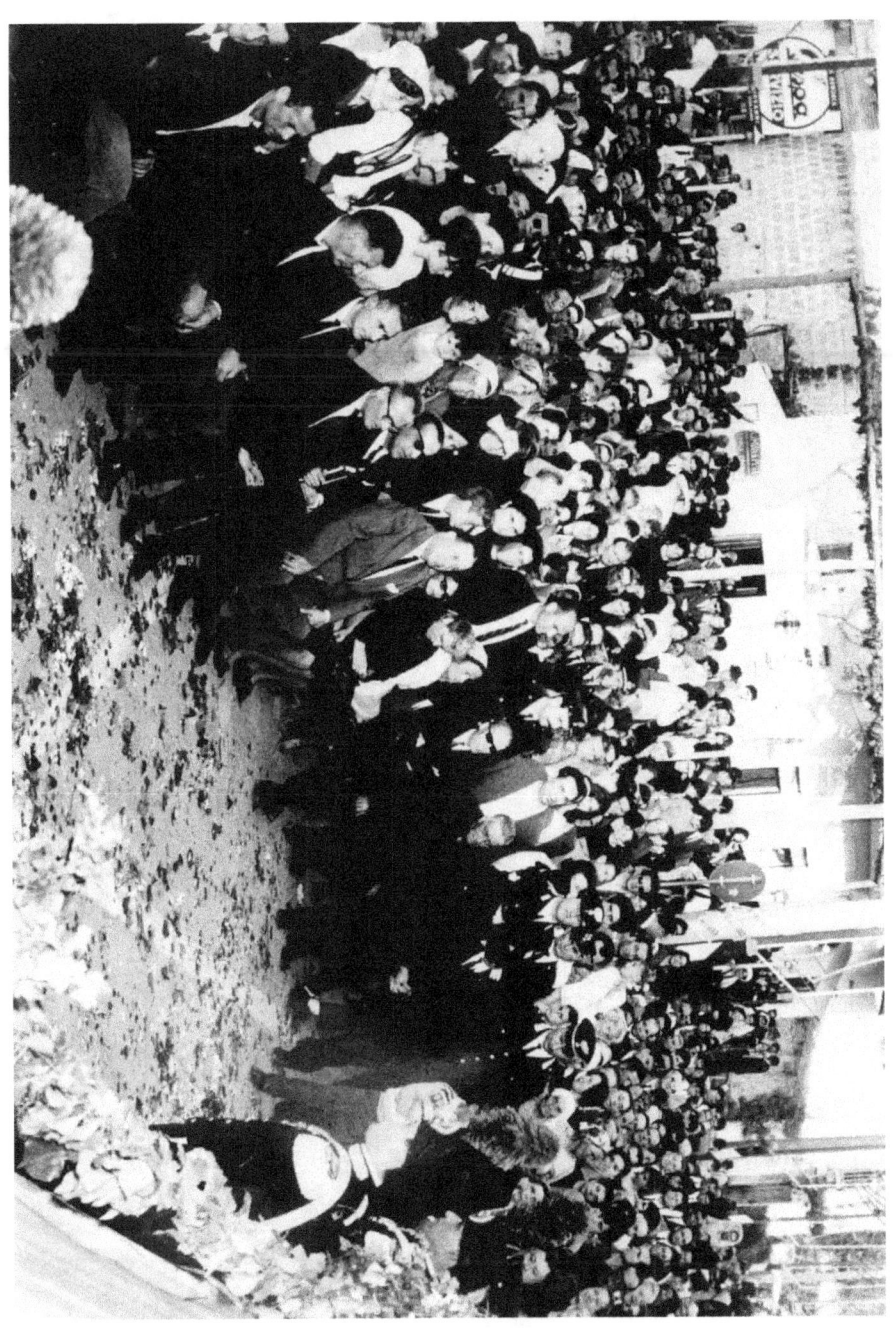

53

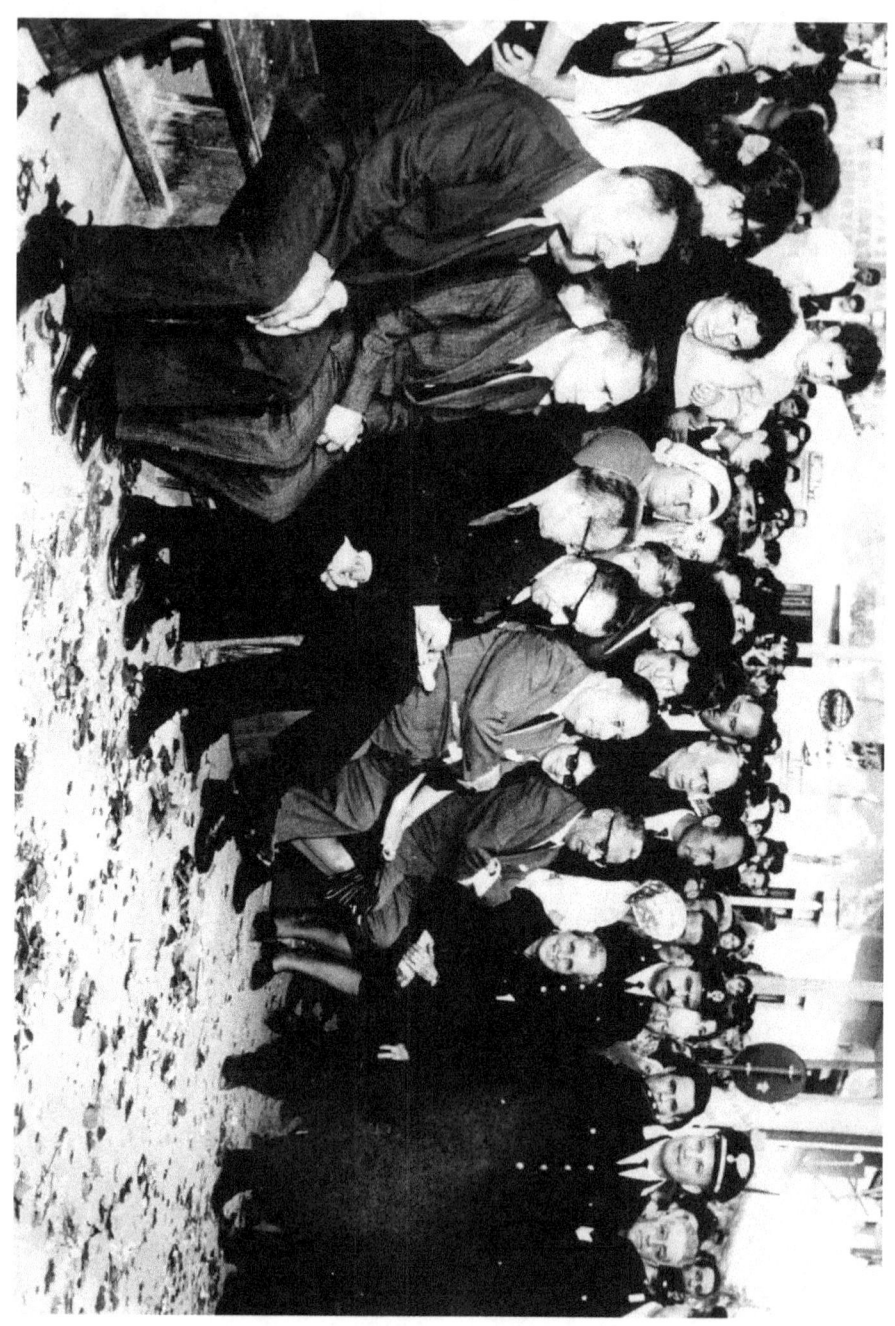

54

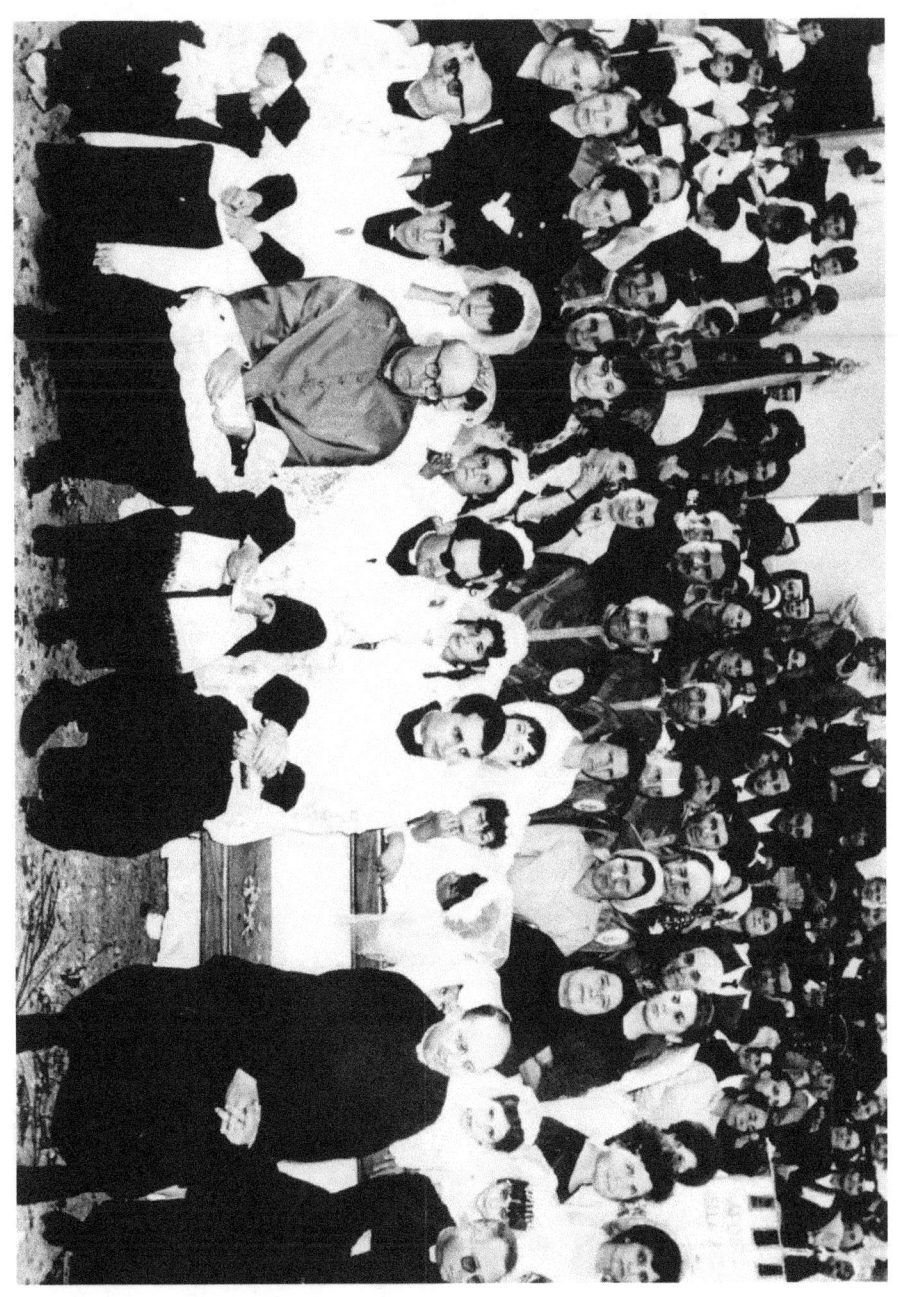

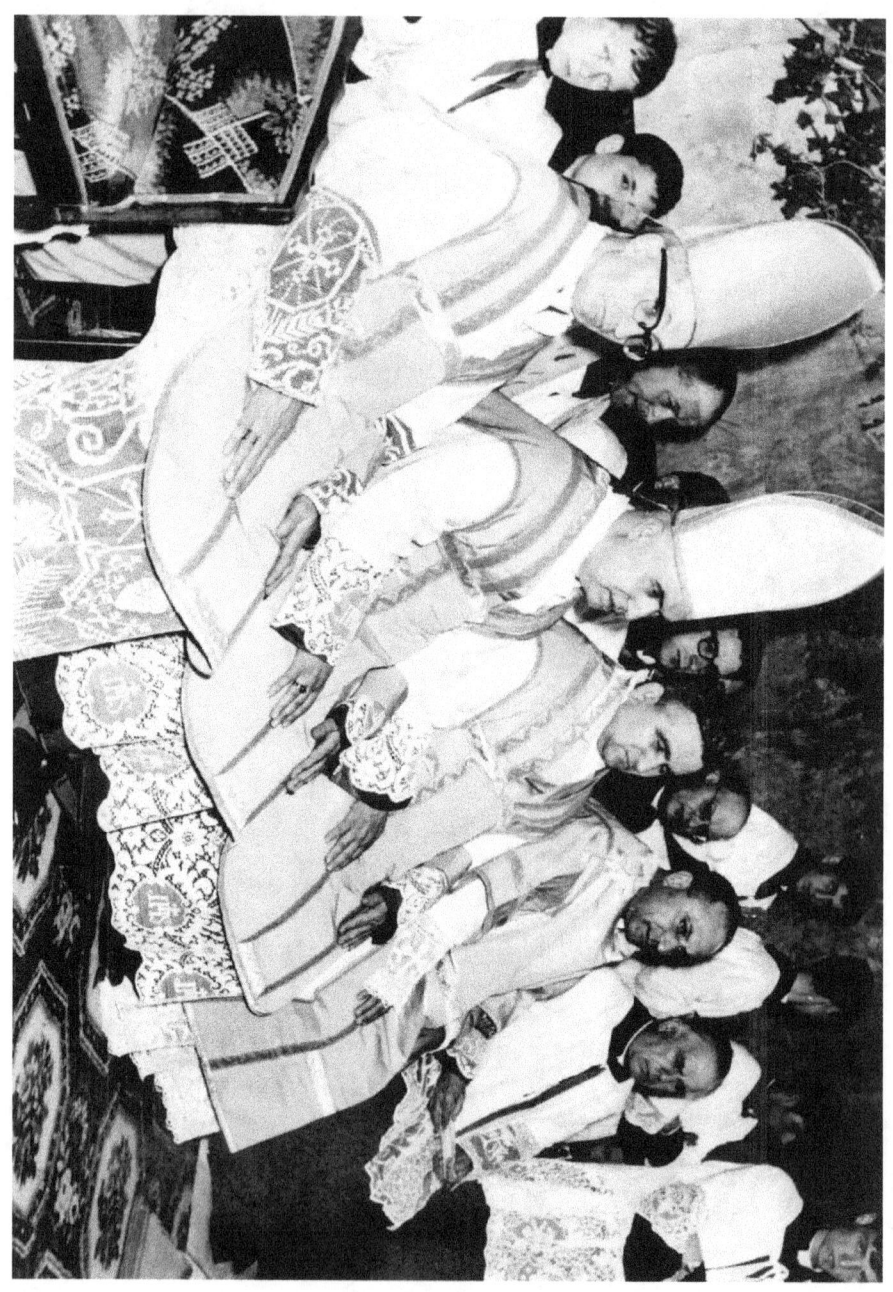

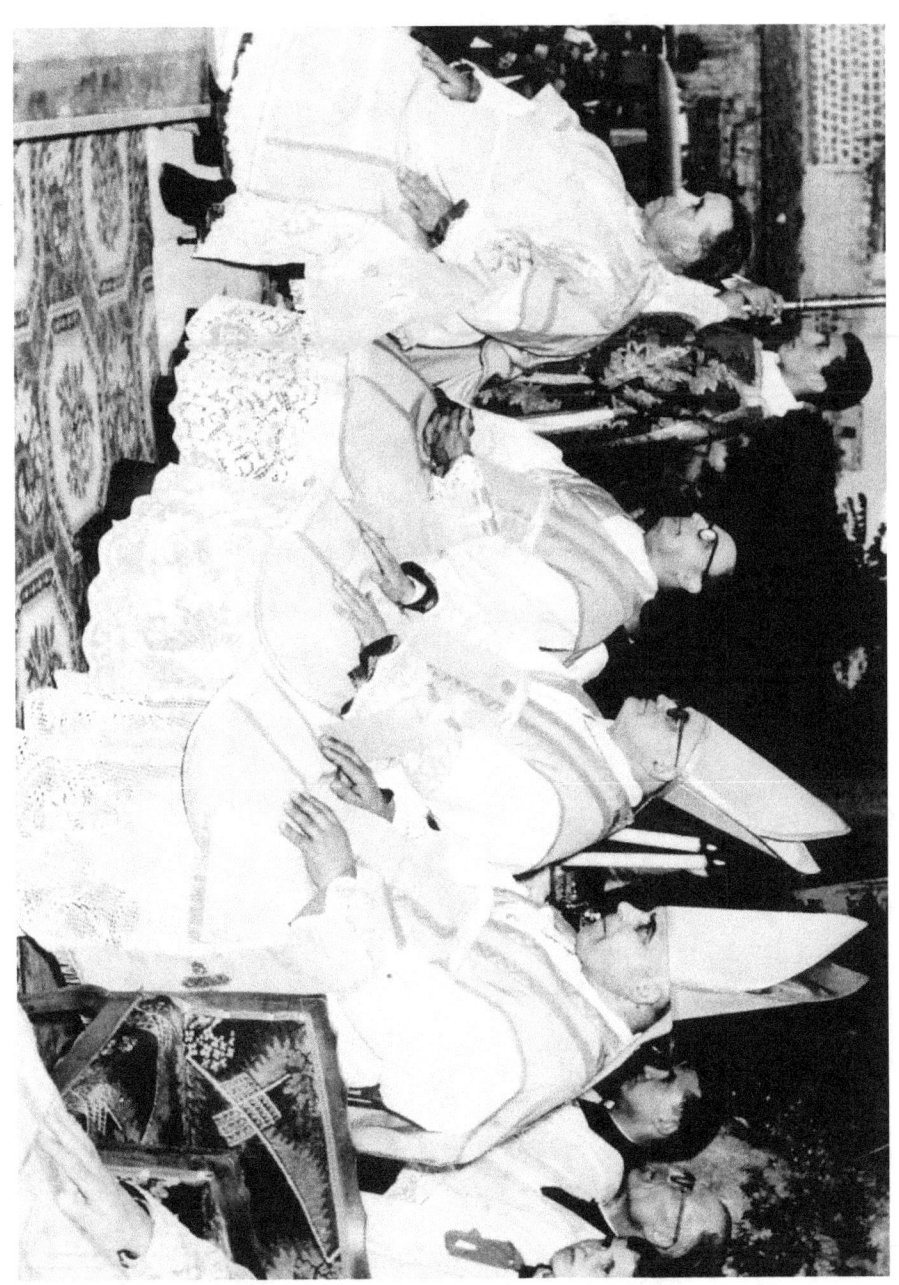

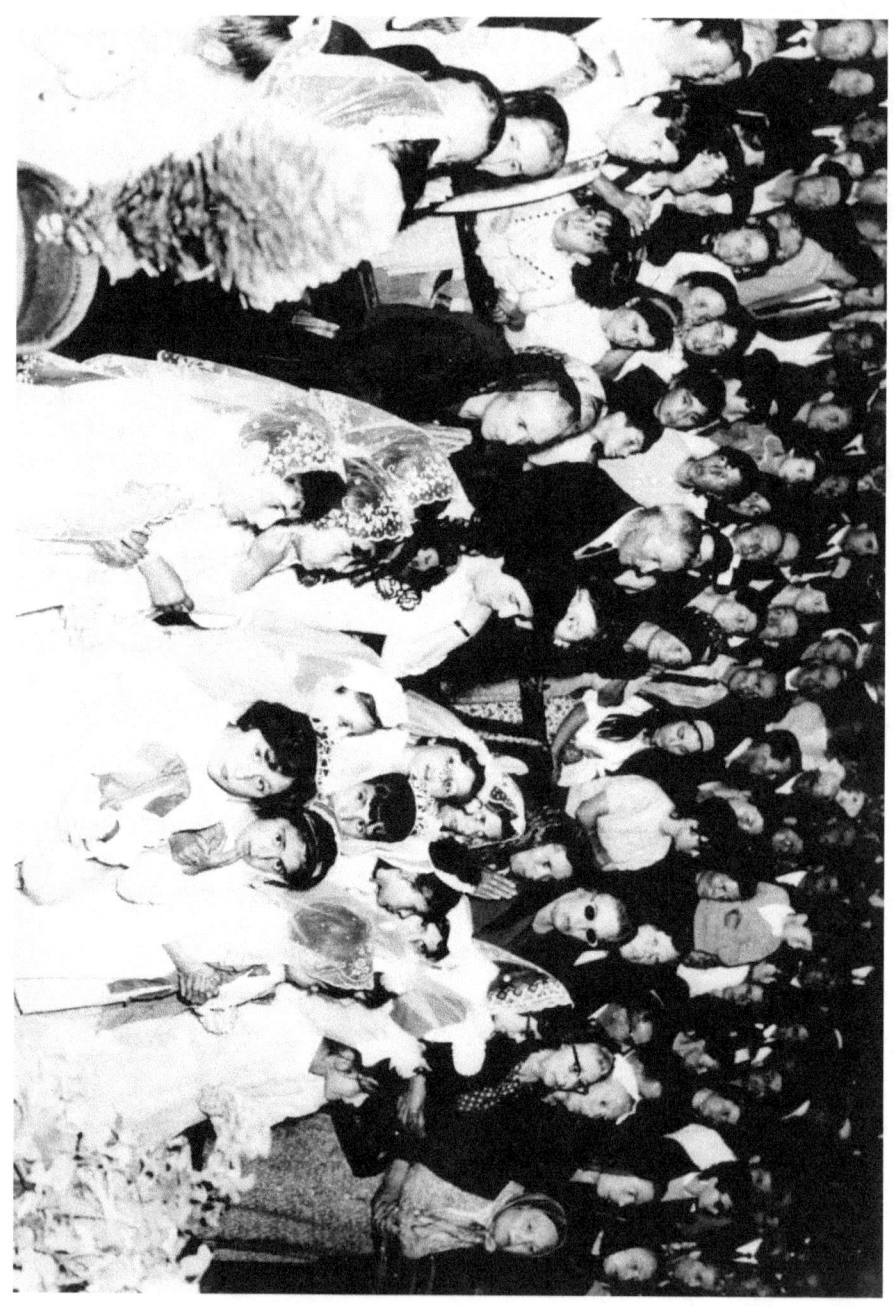

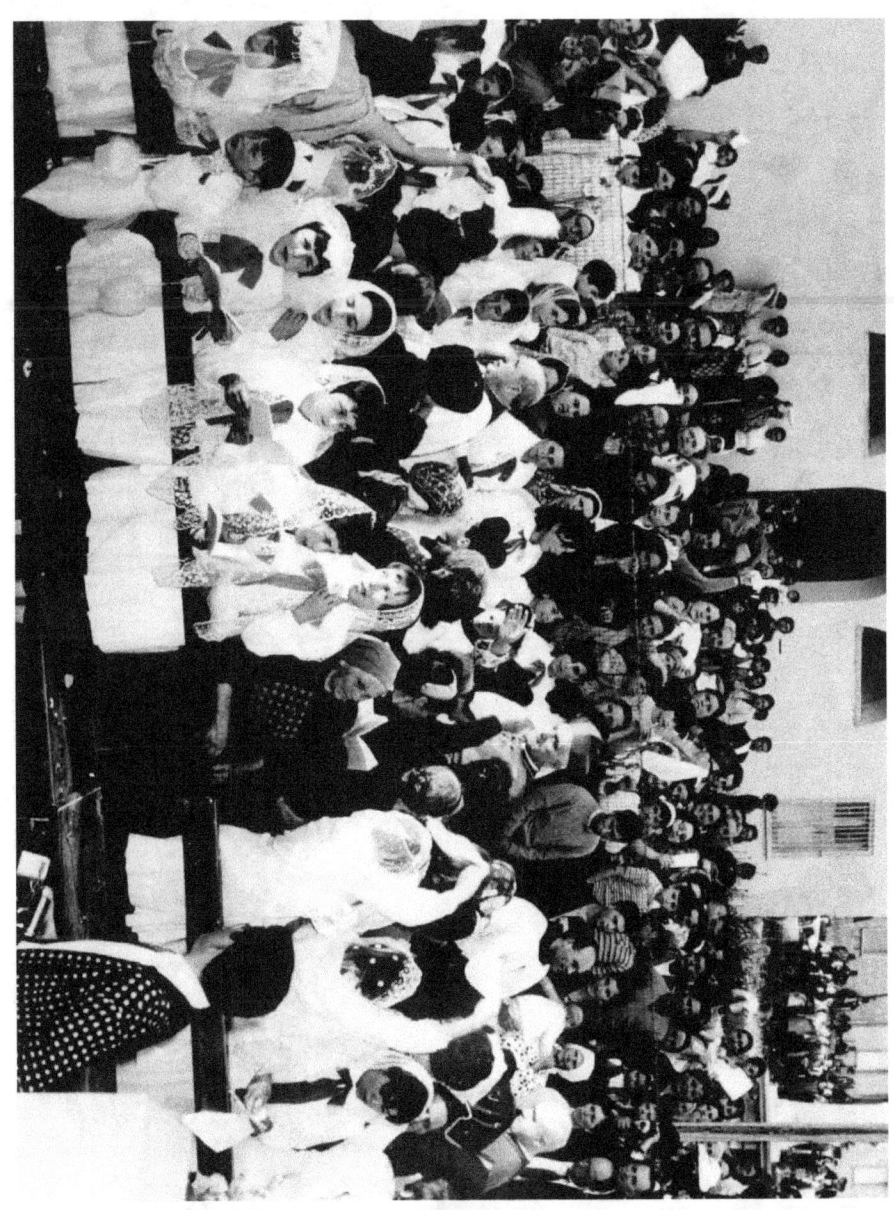

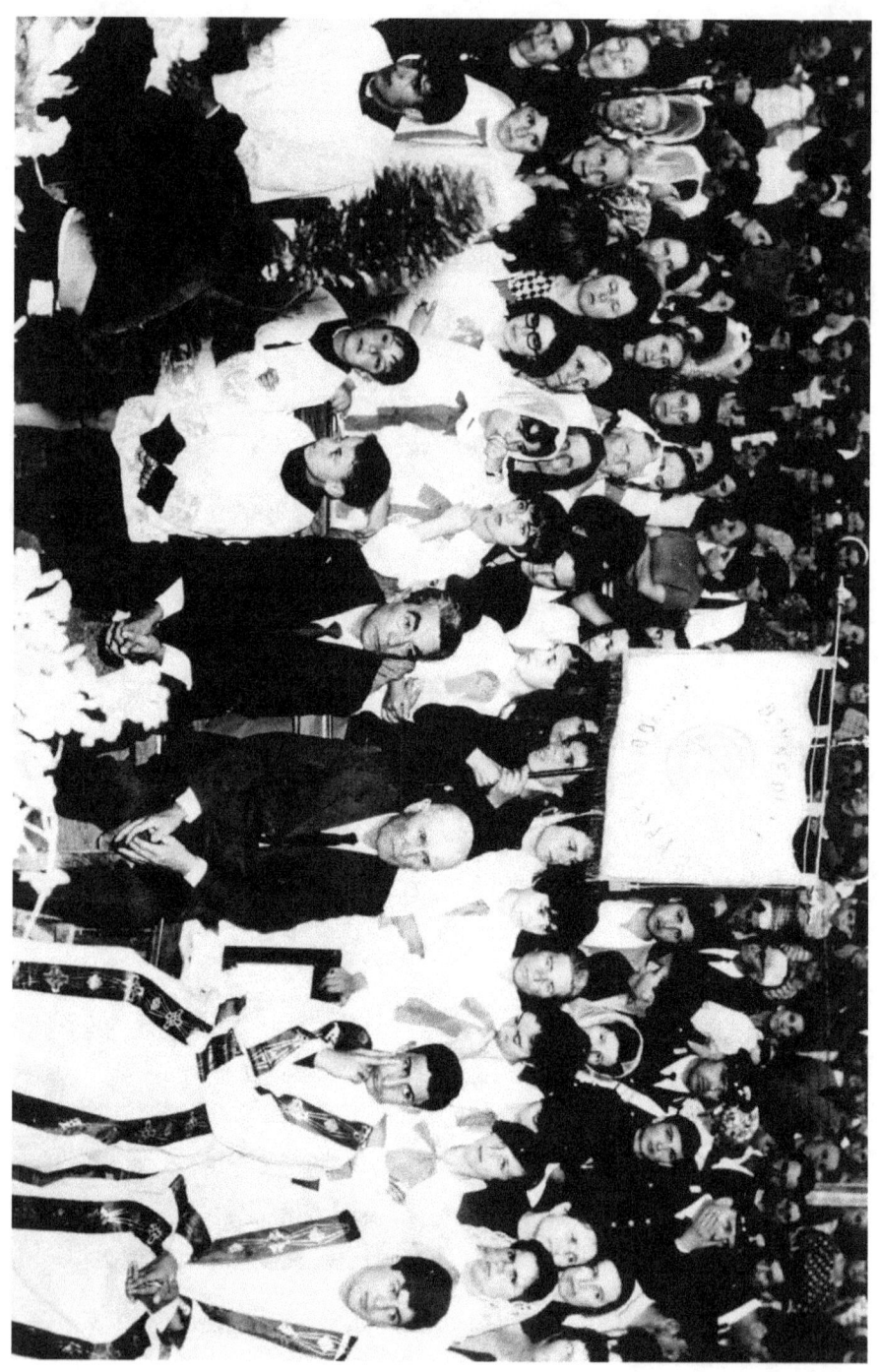

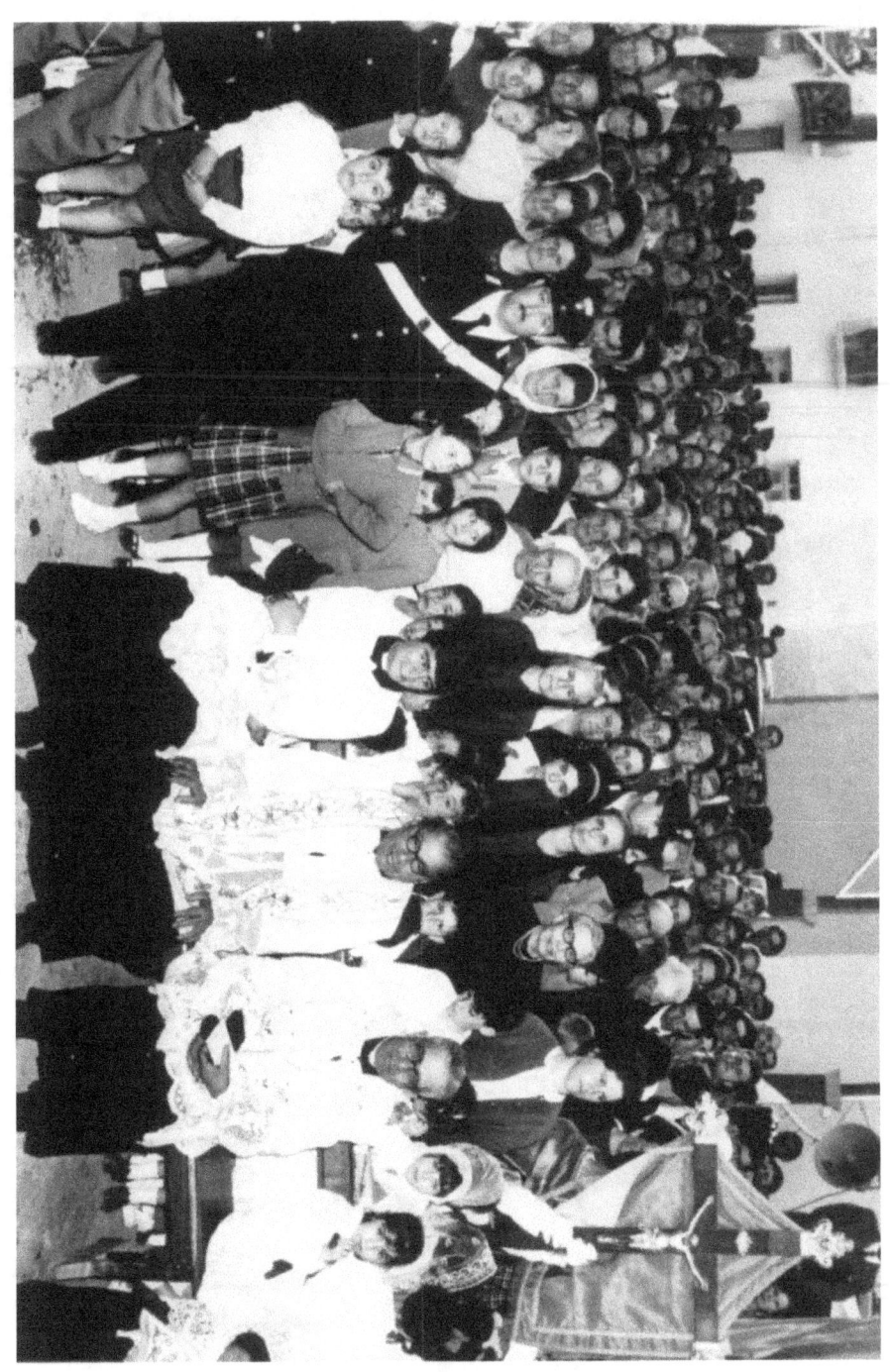

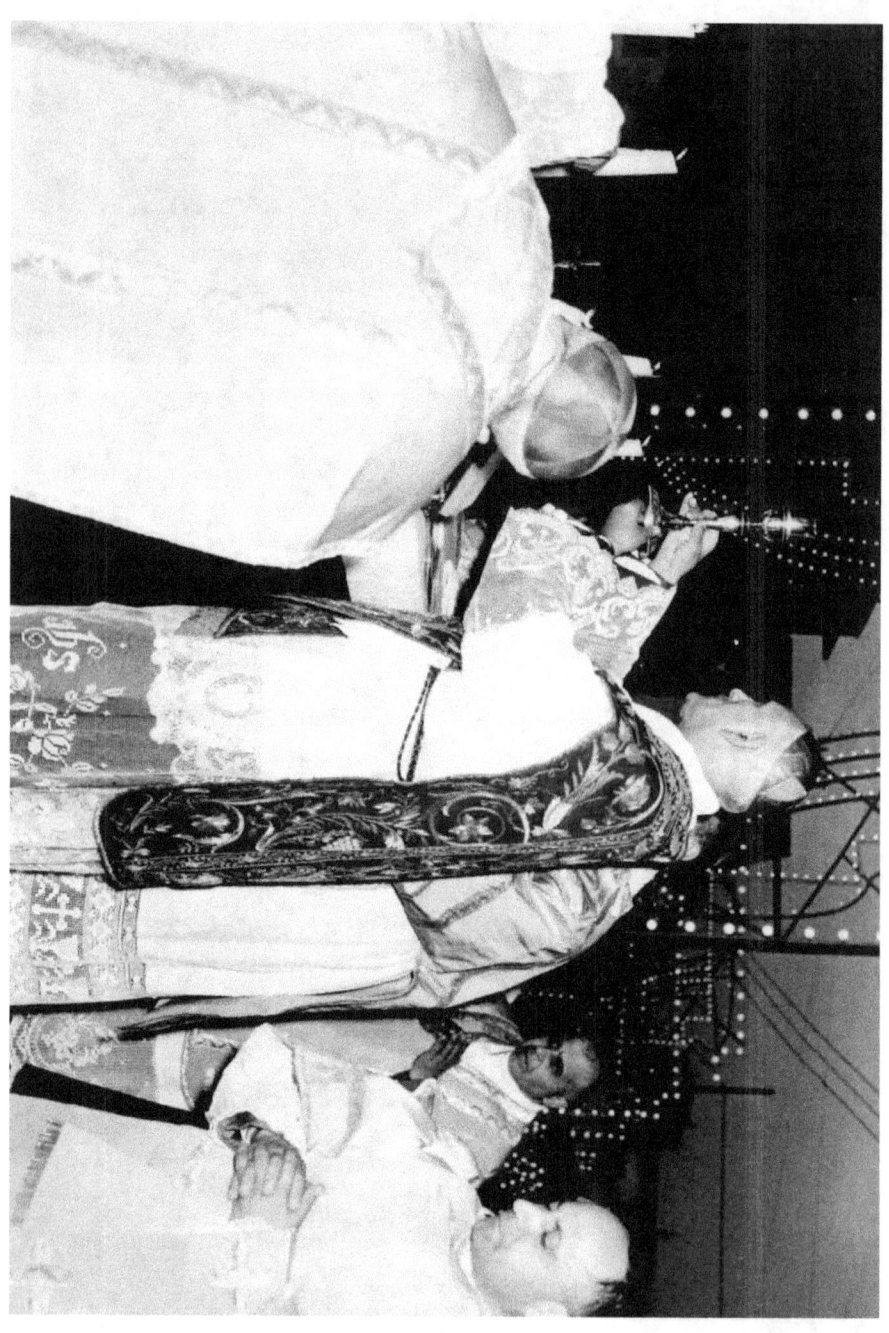

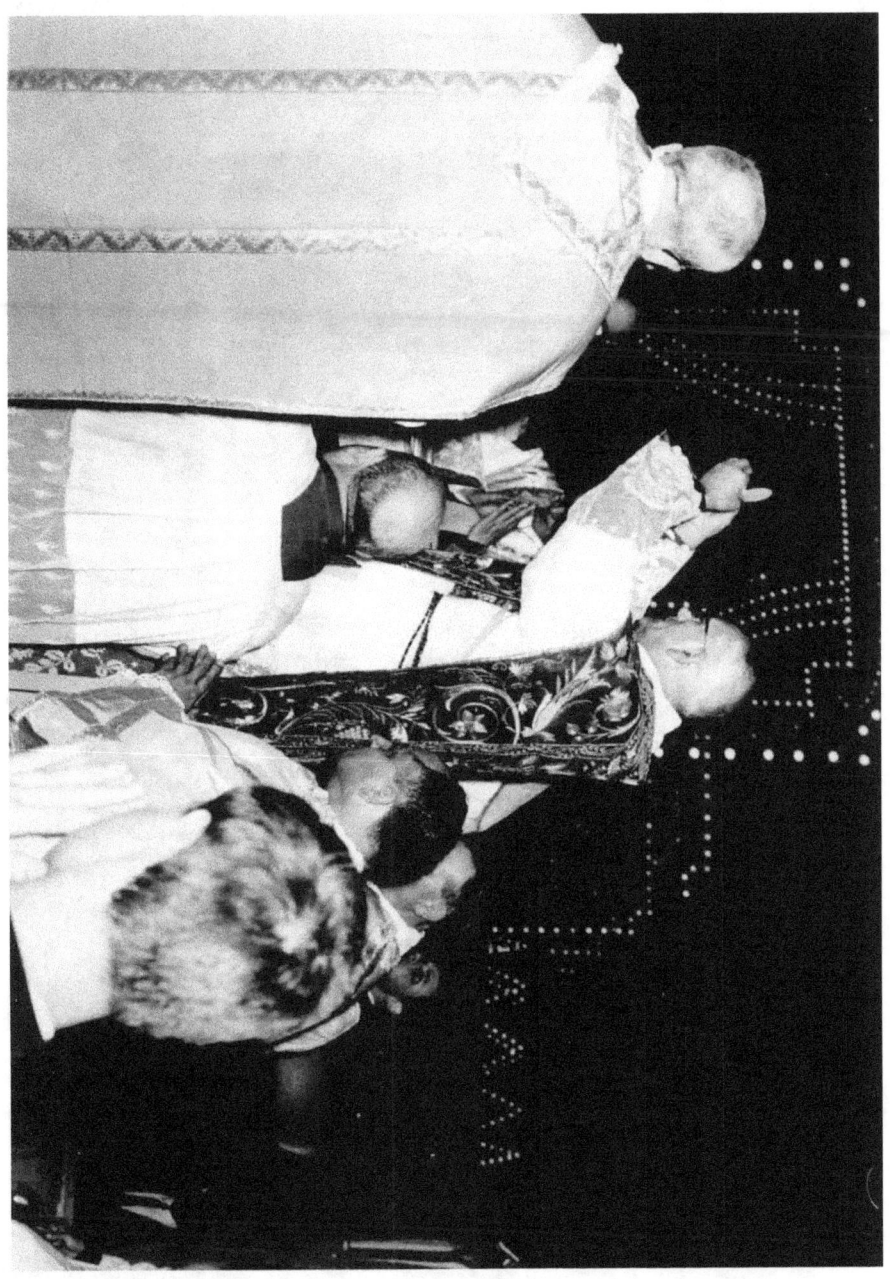

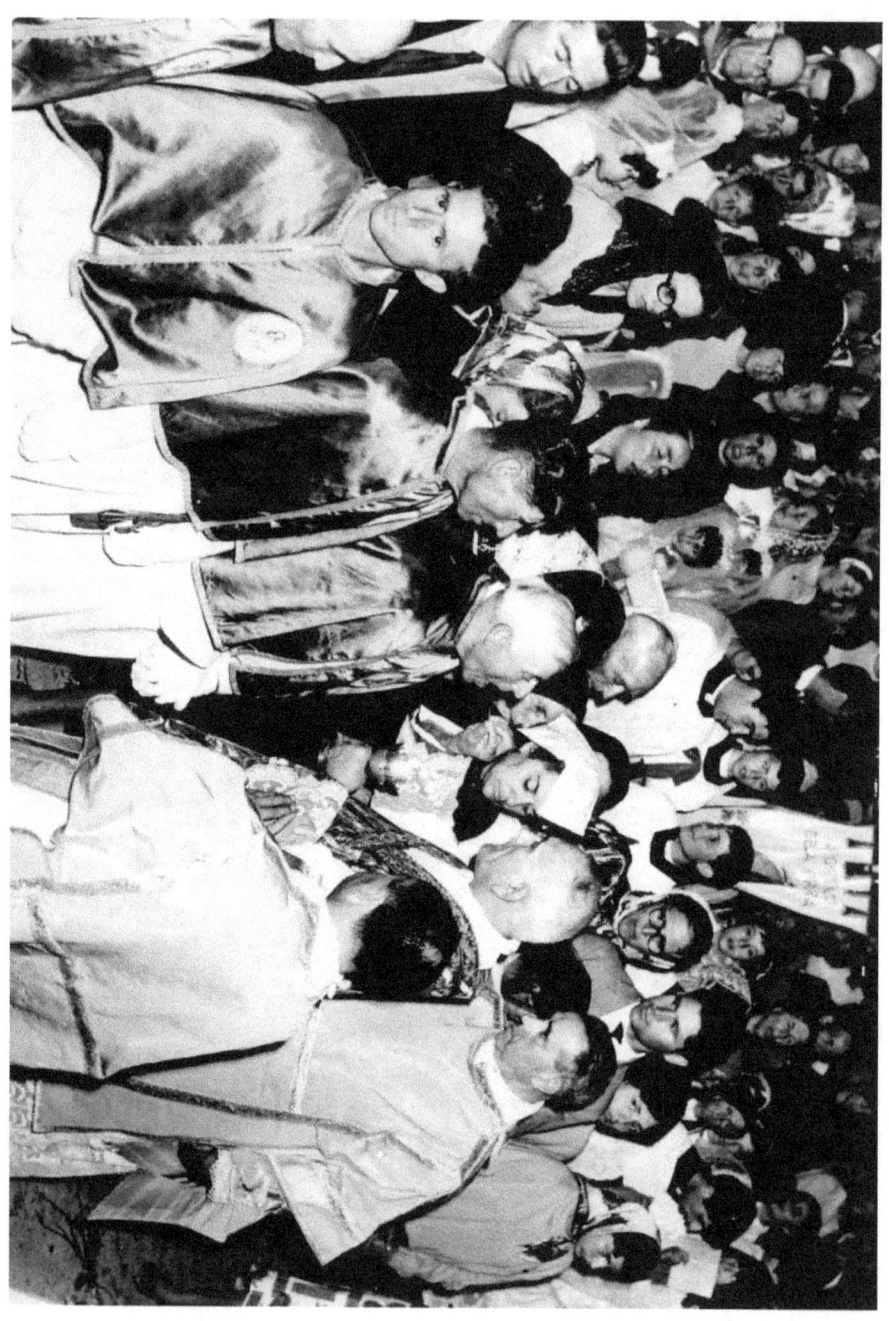

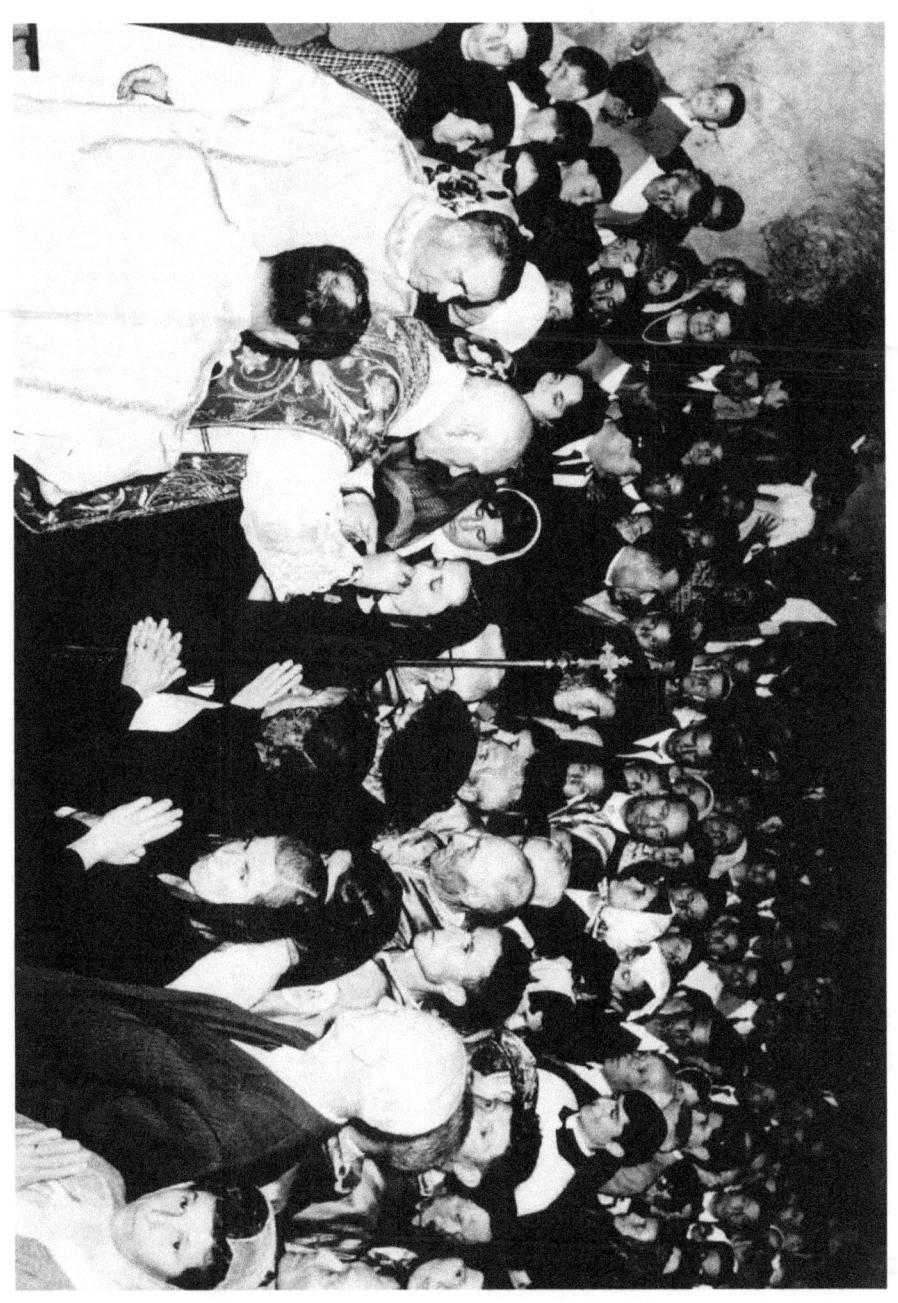

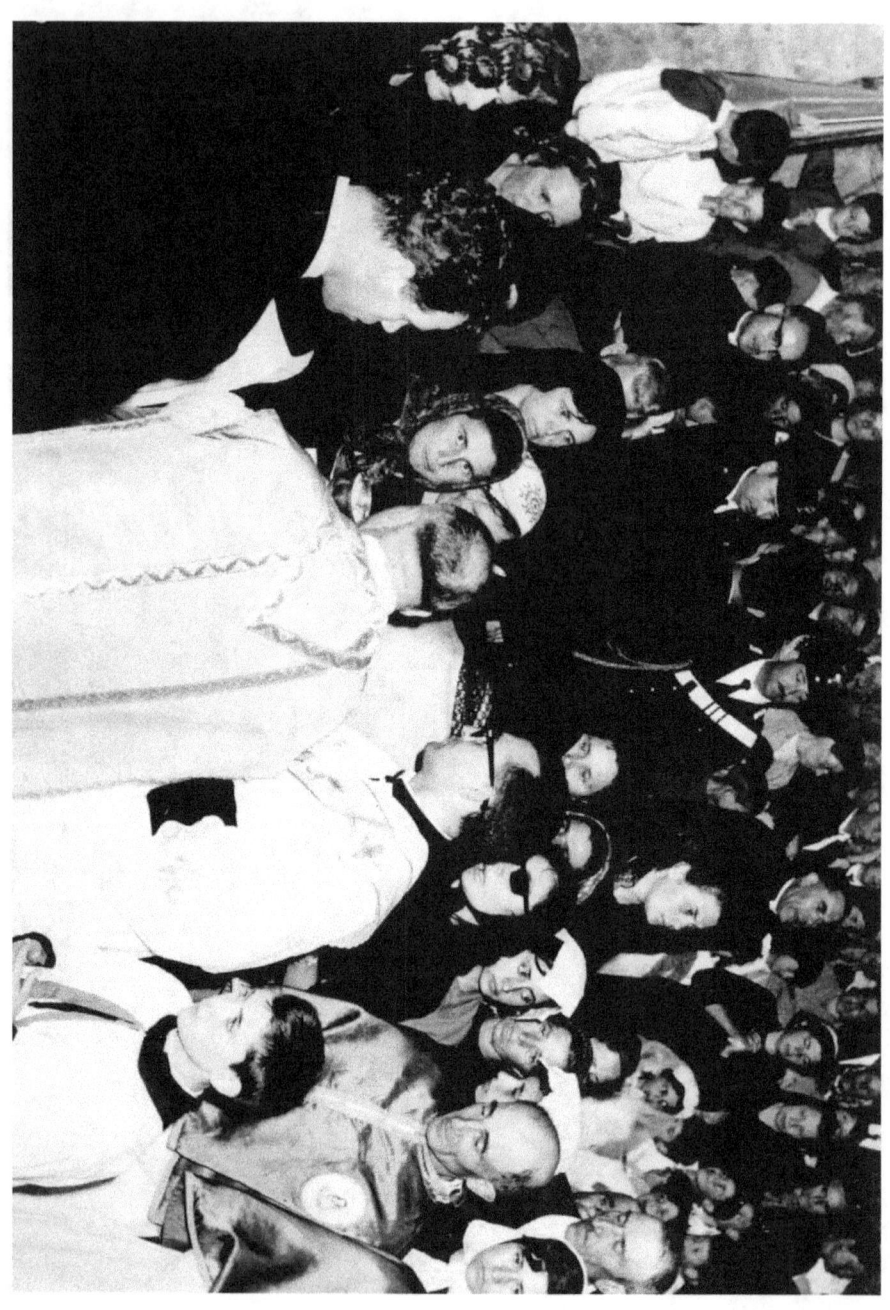

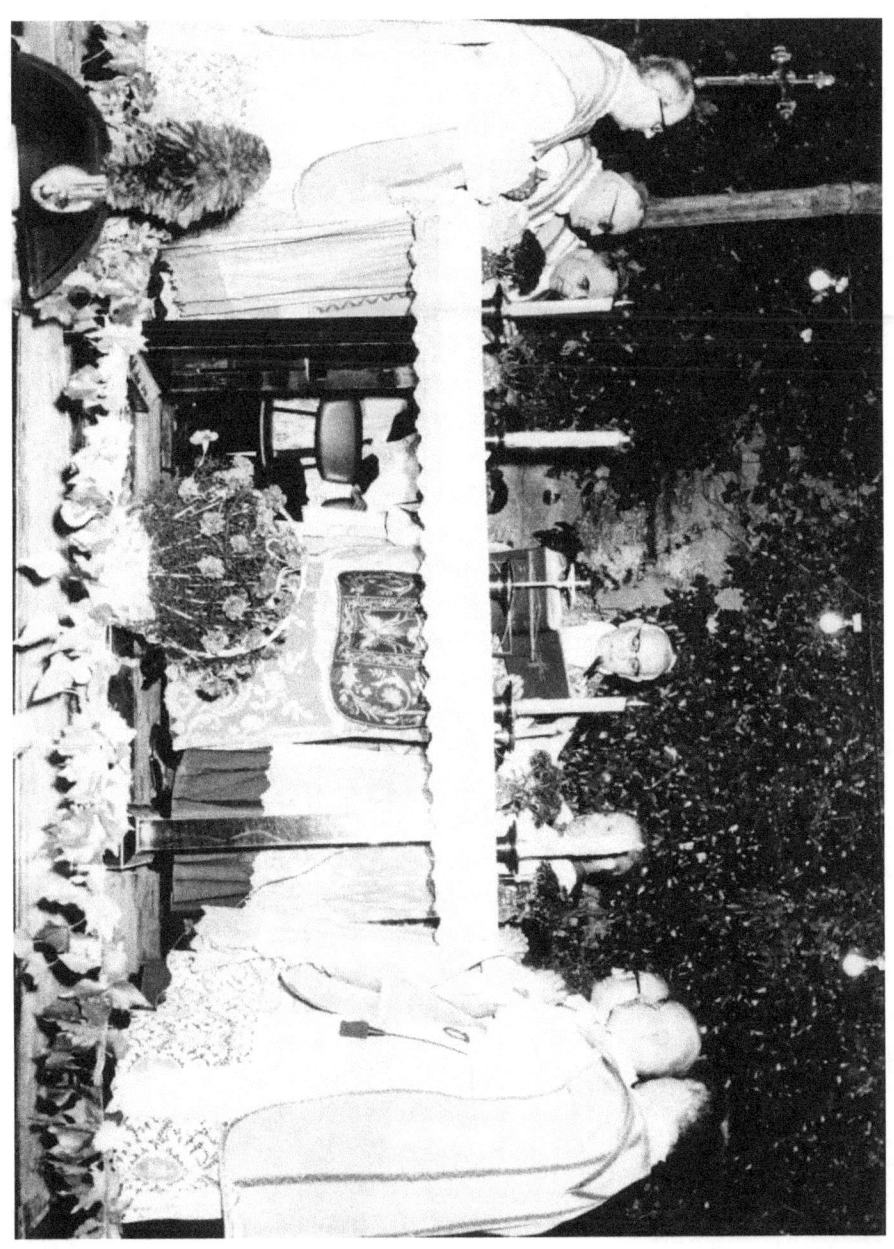

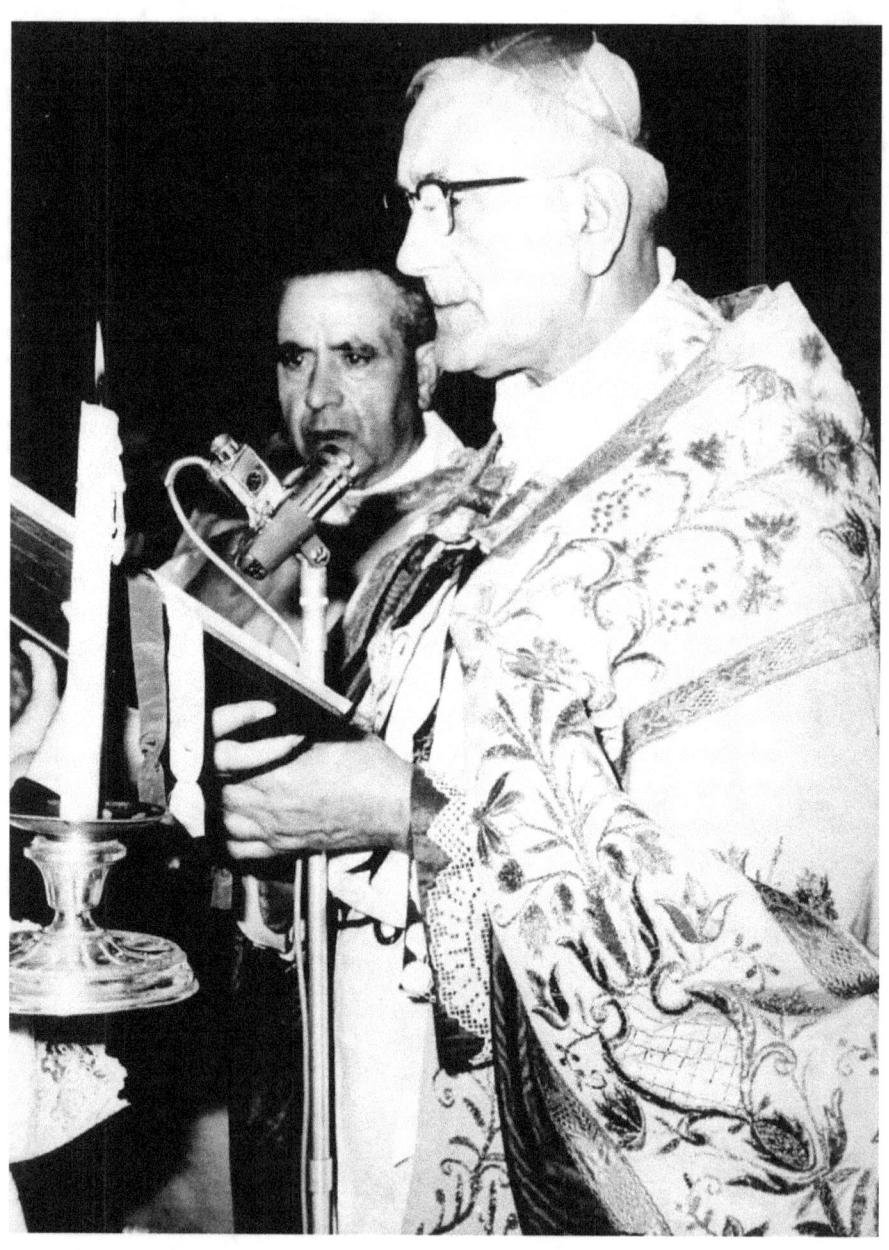

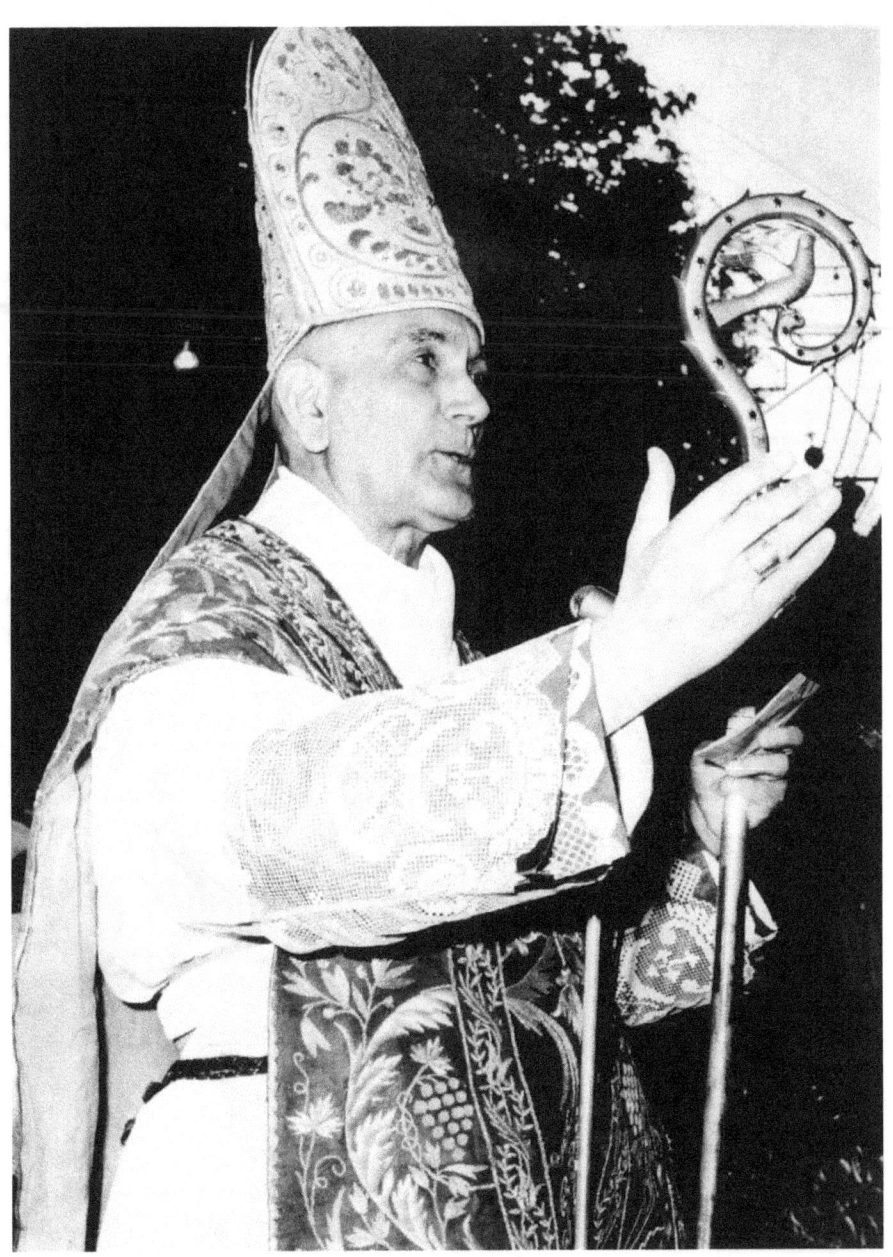

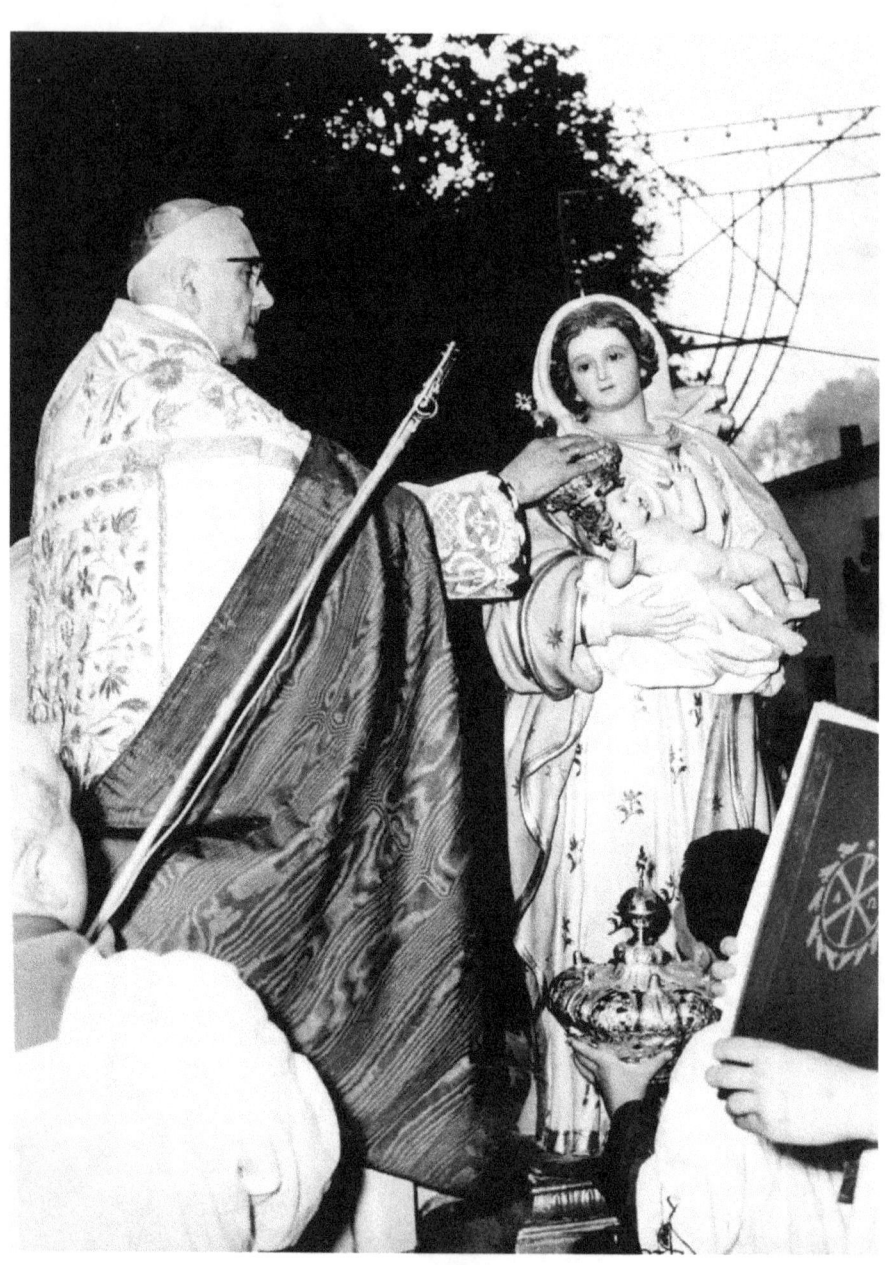

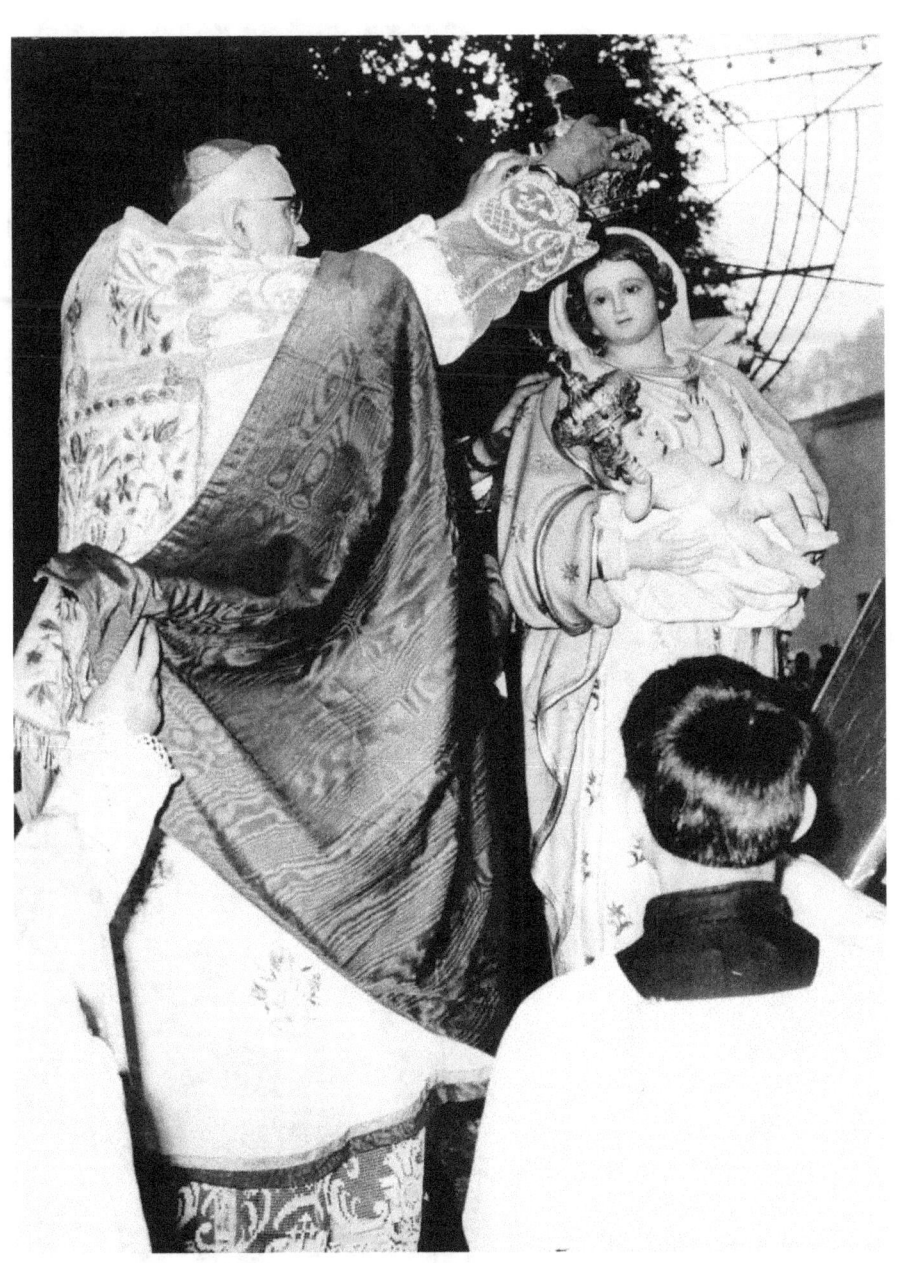

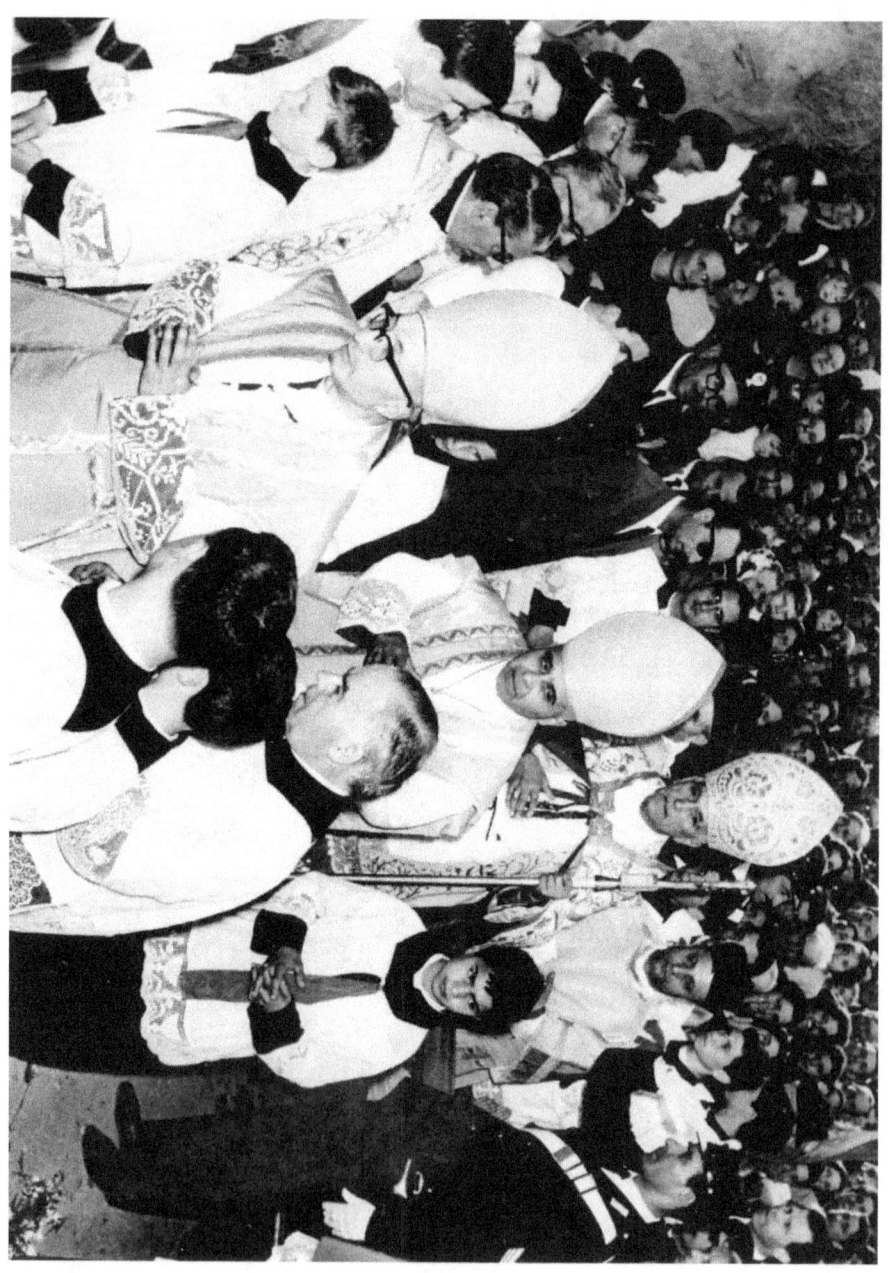

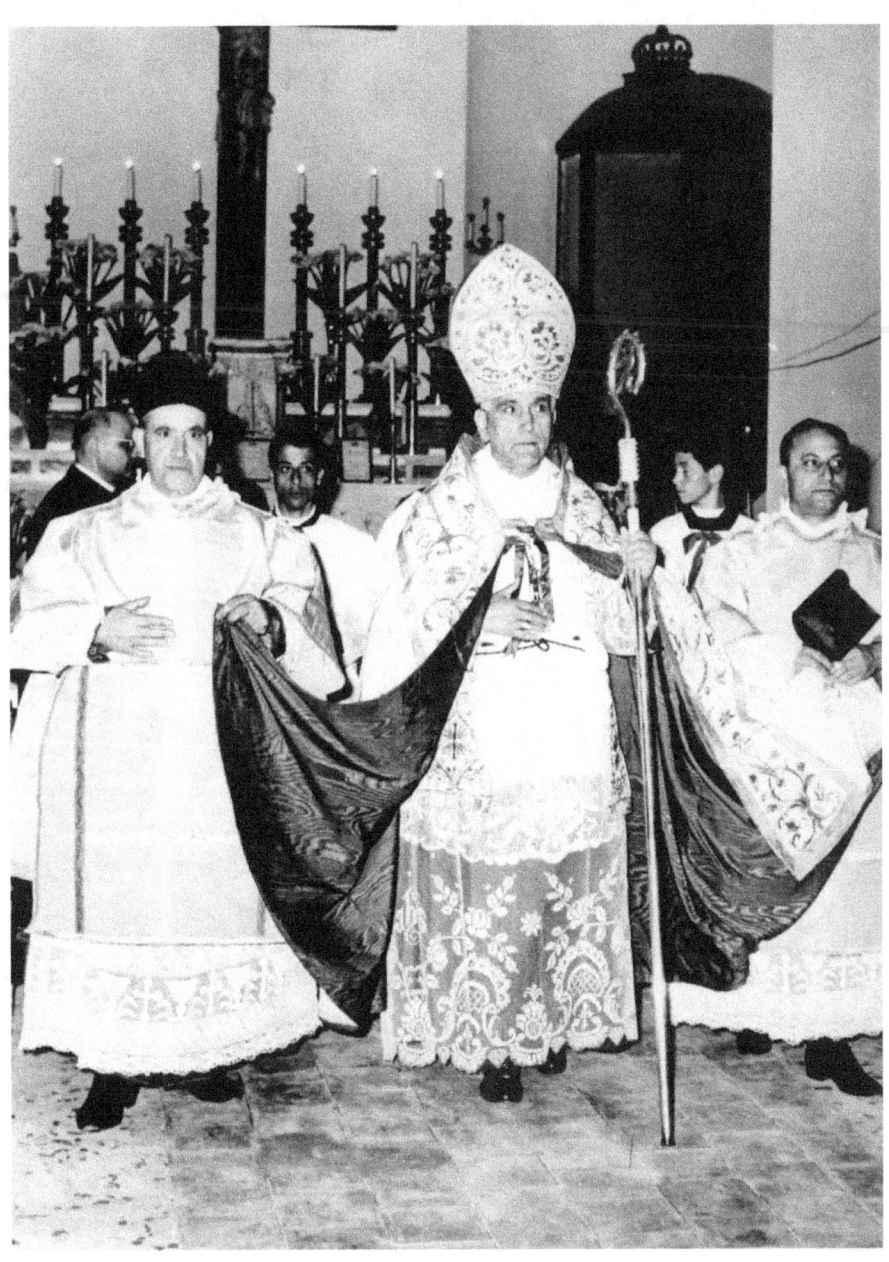

73

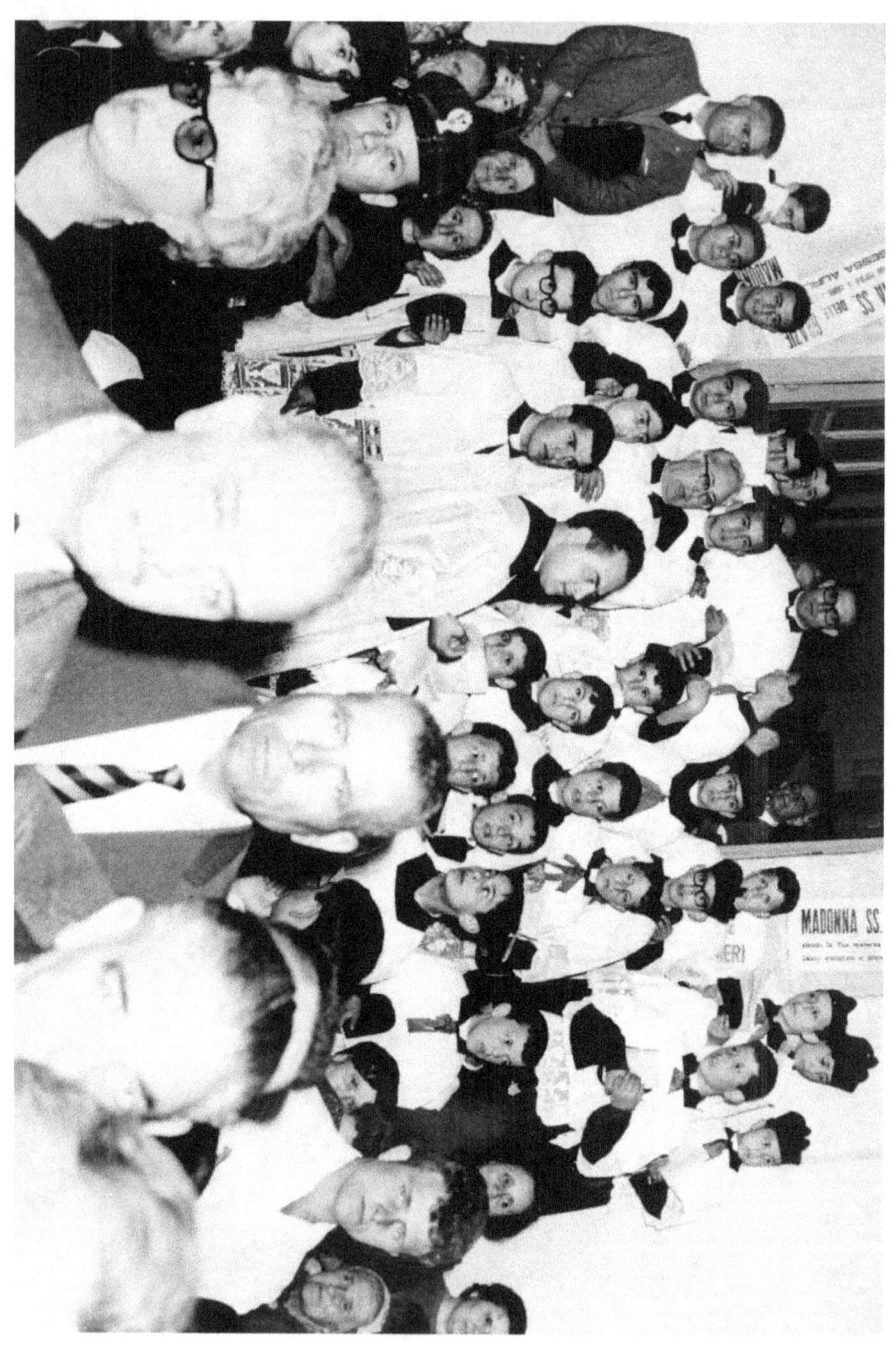

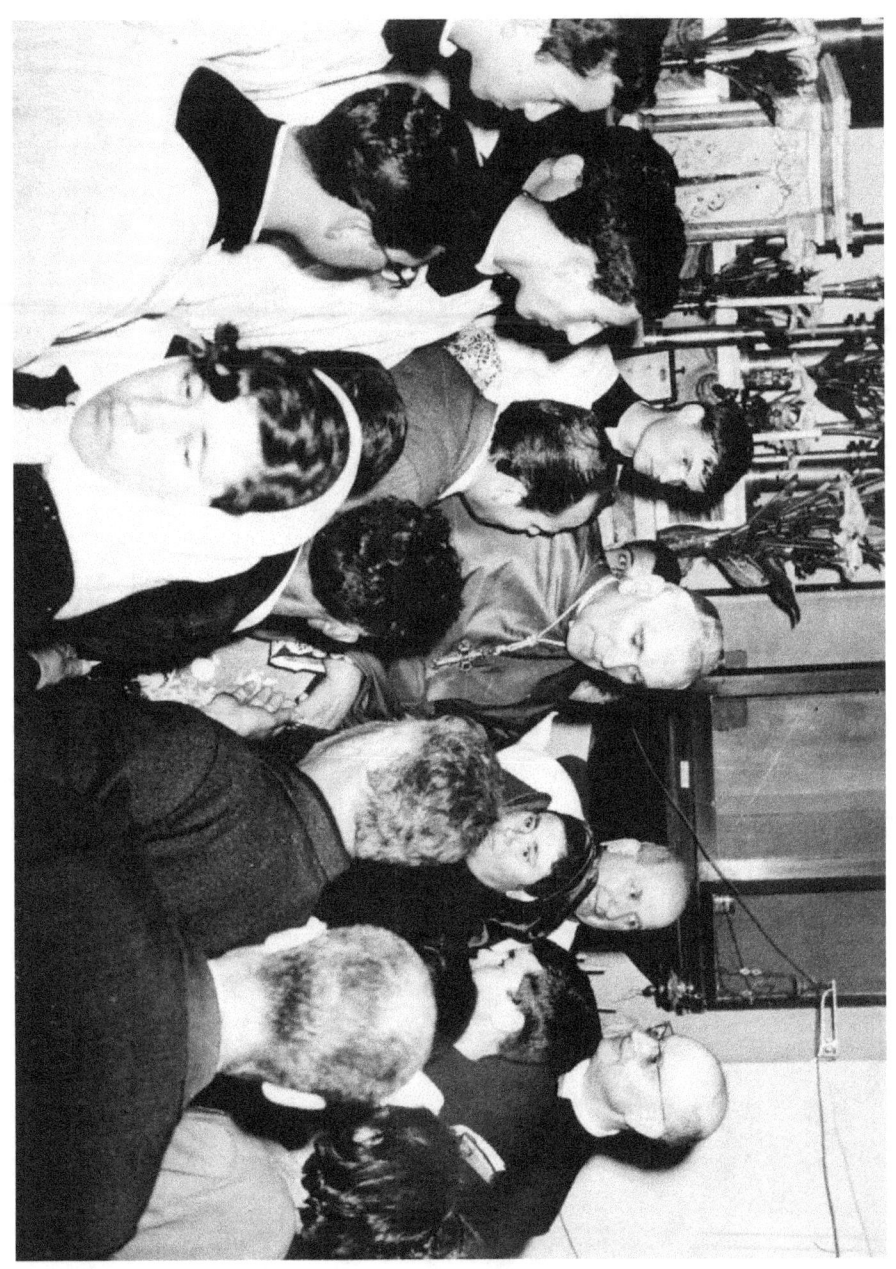

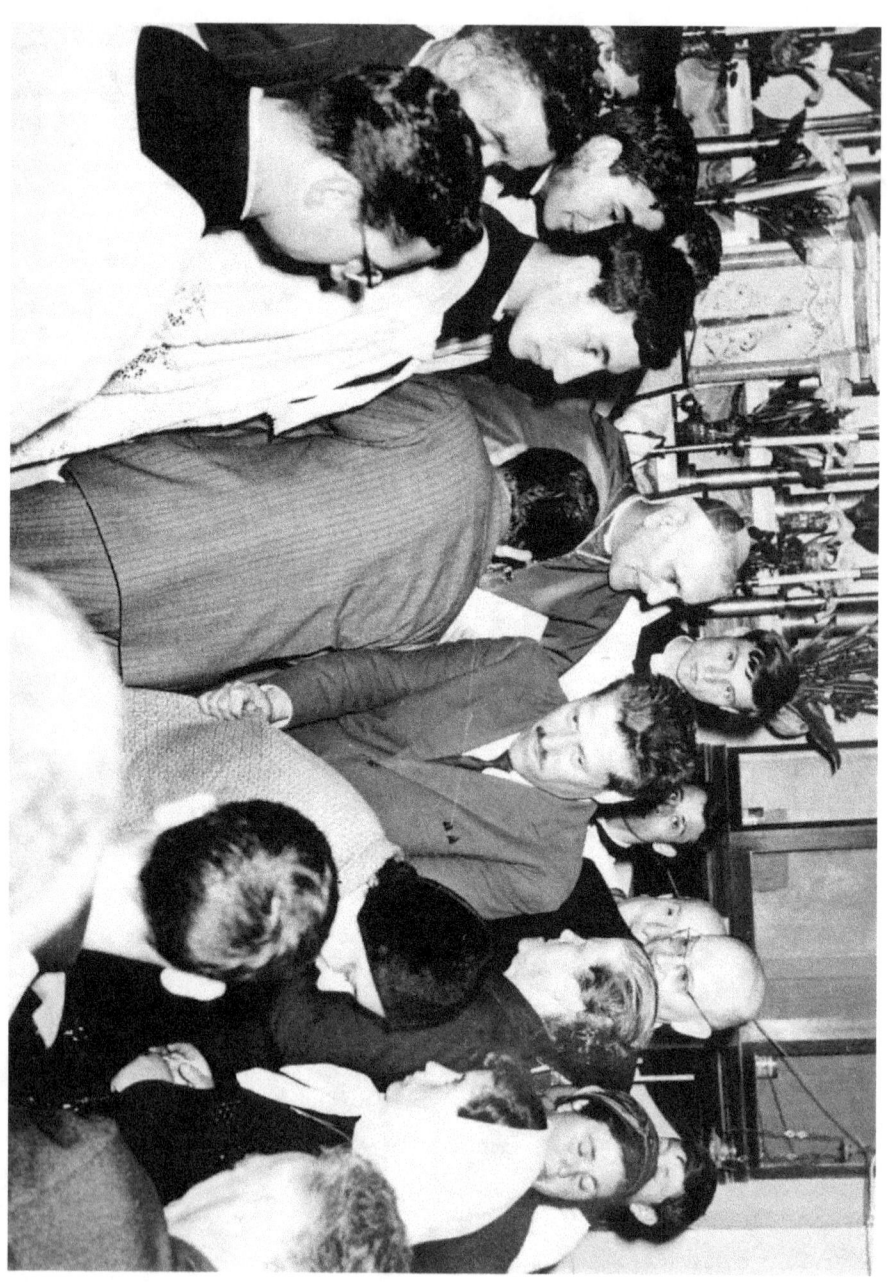

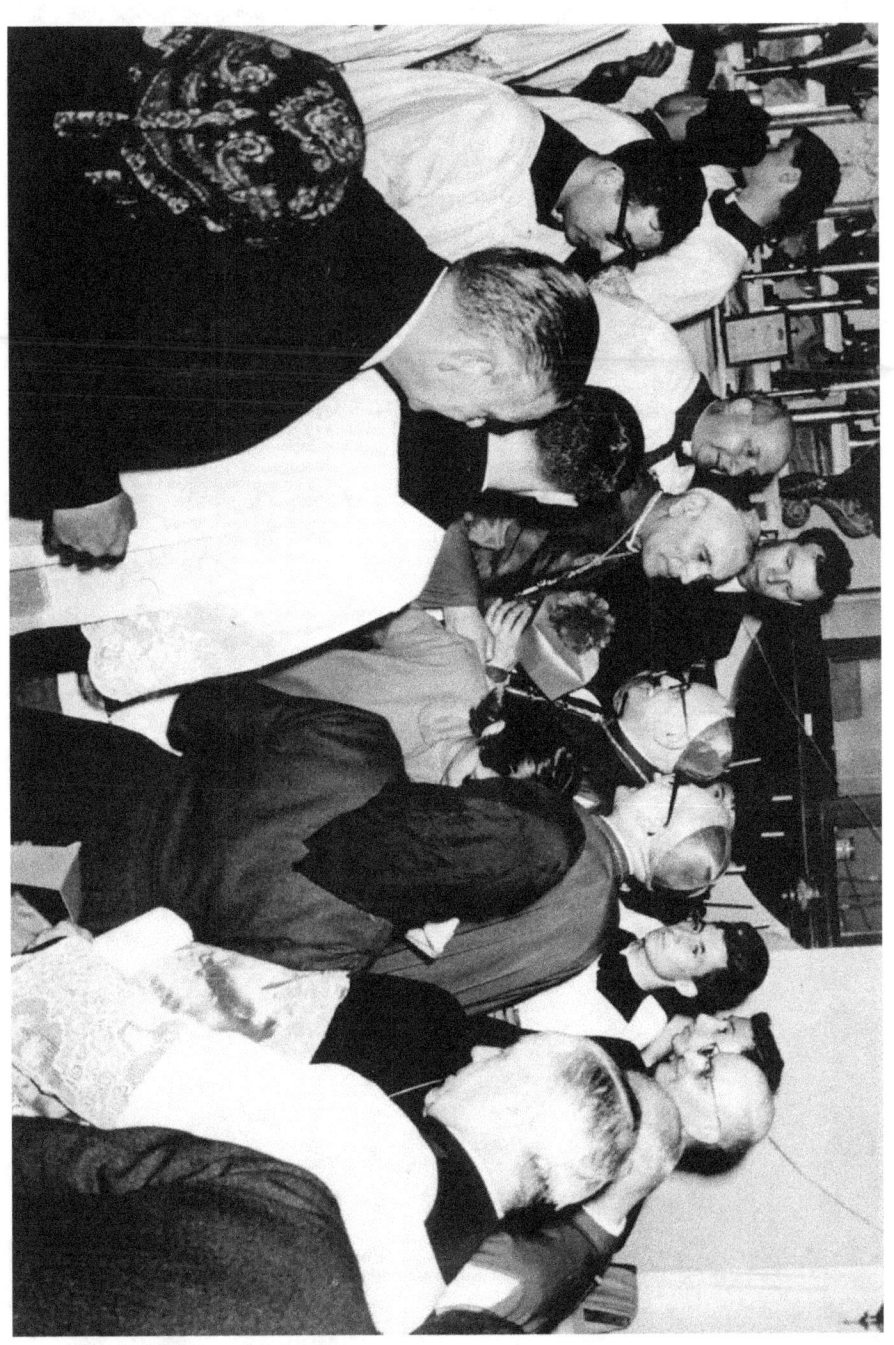

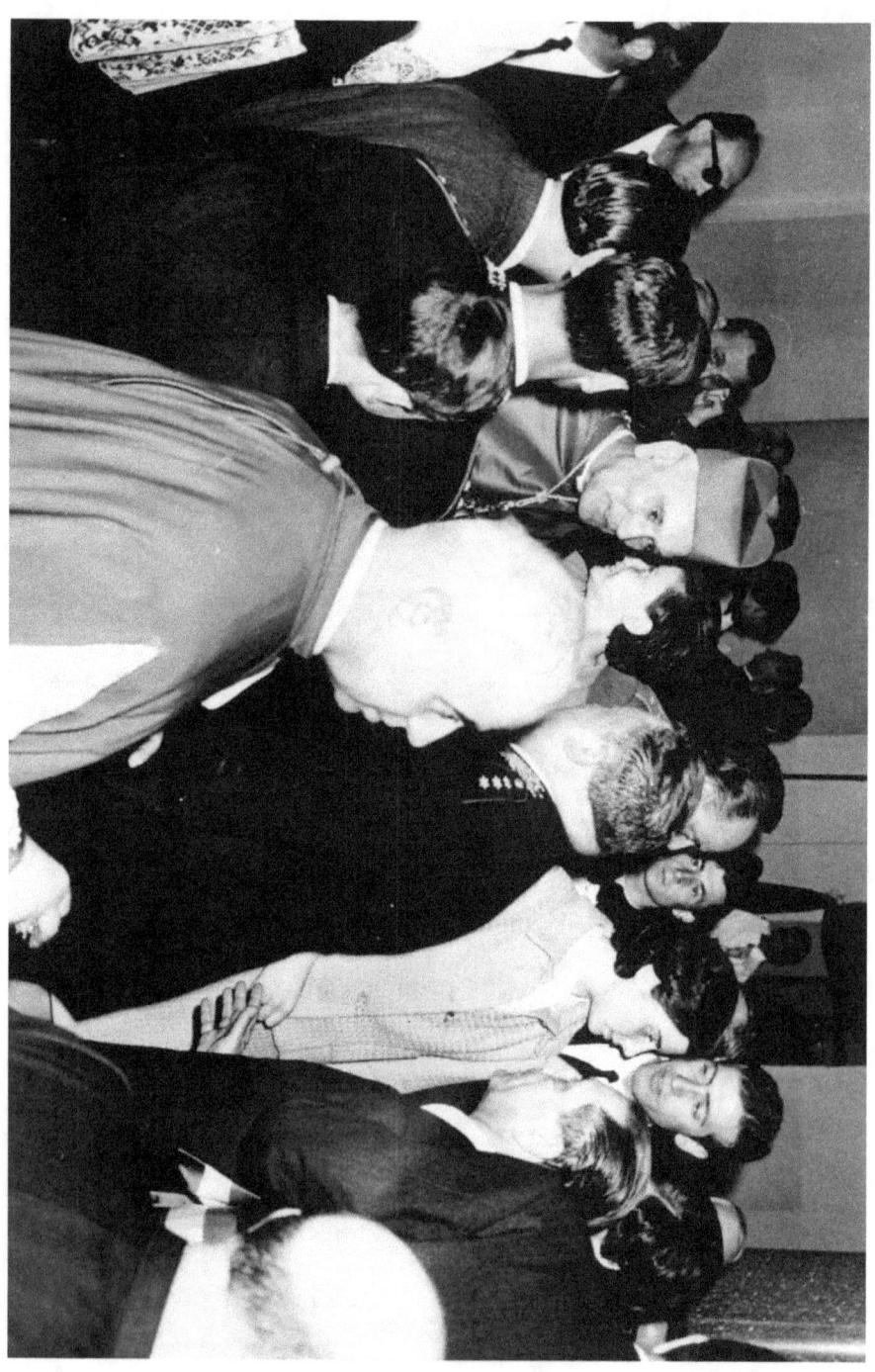

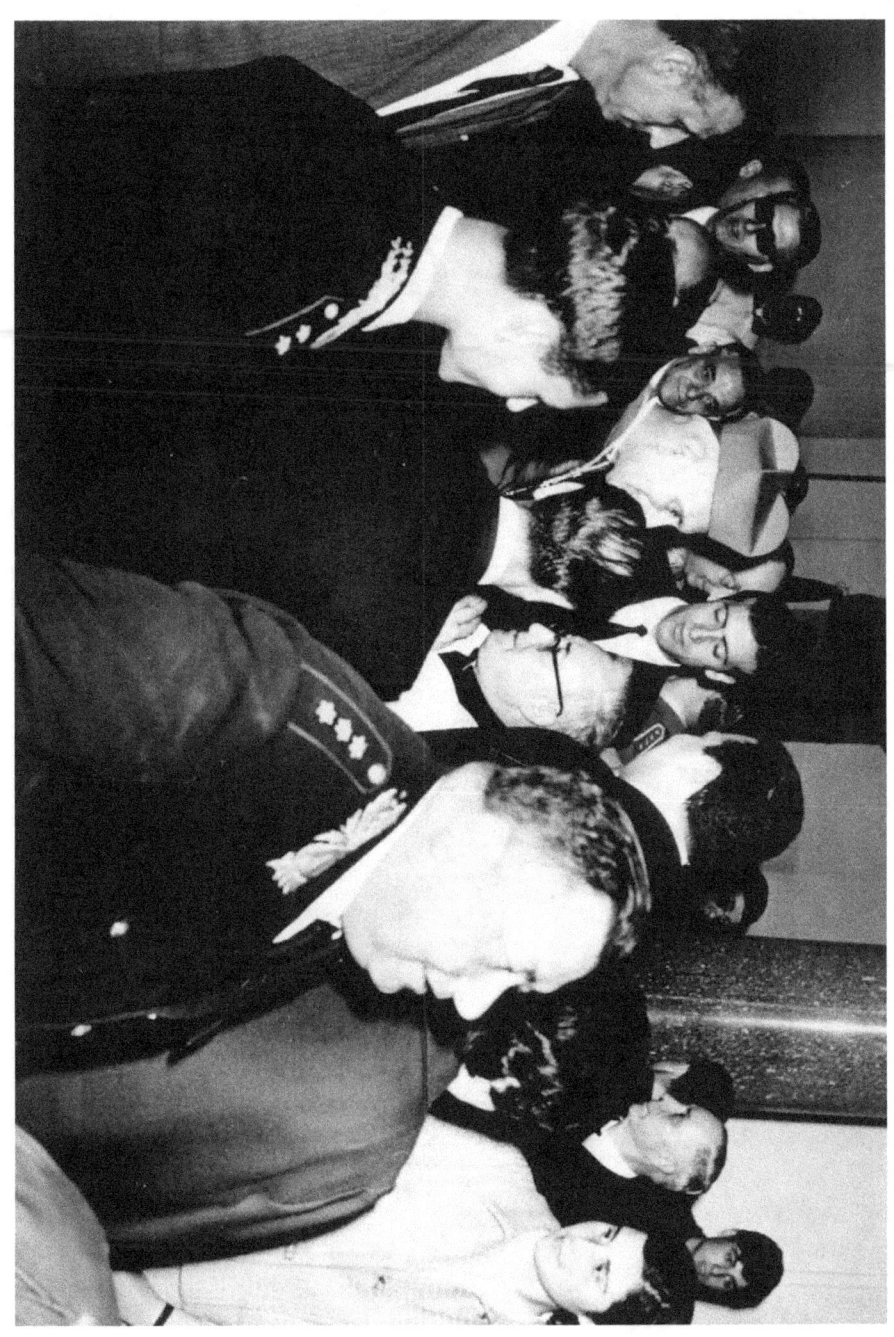

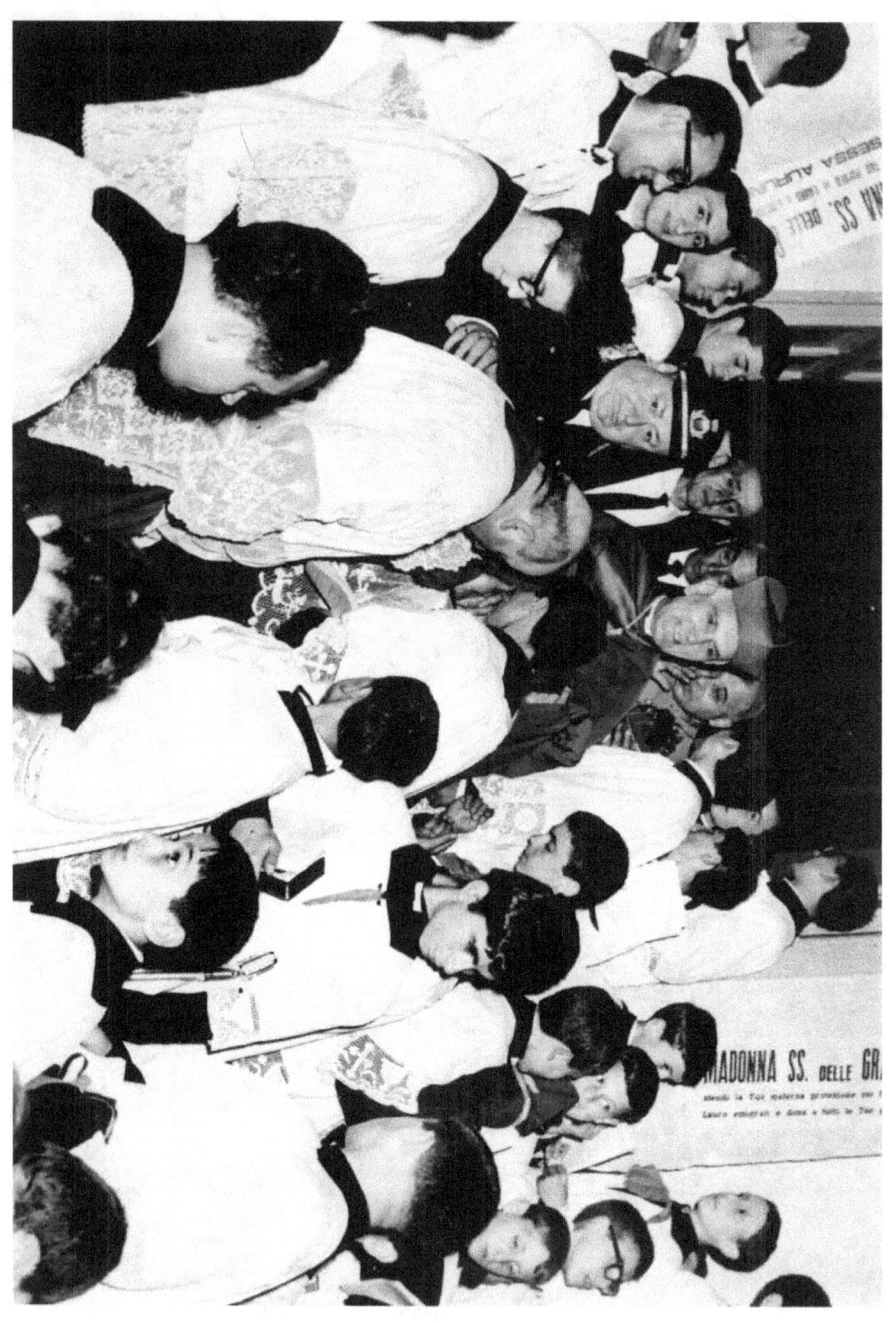

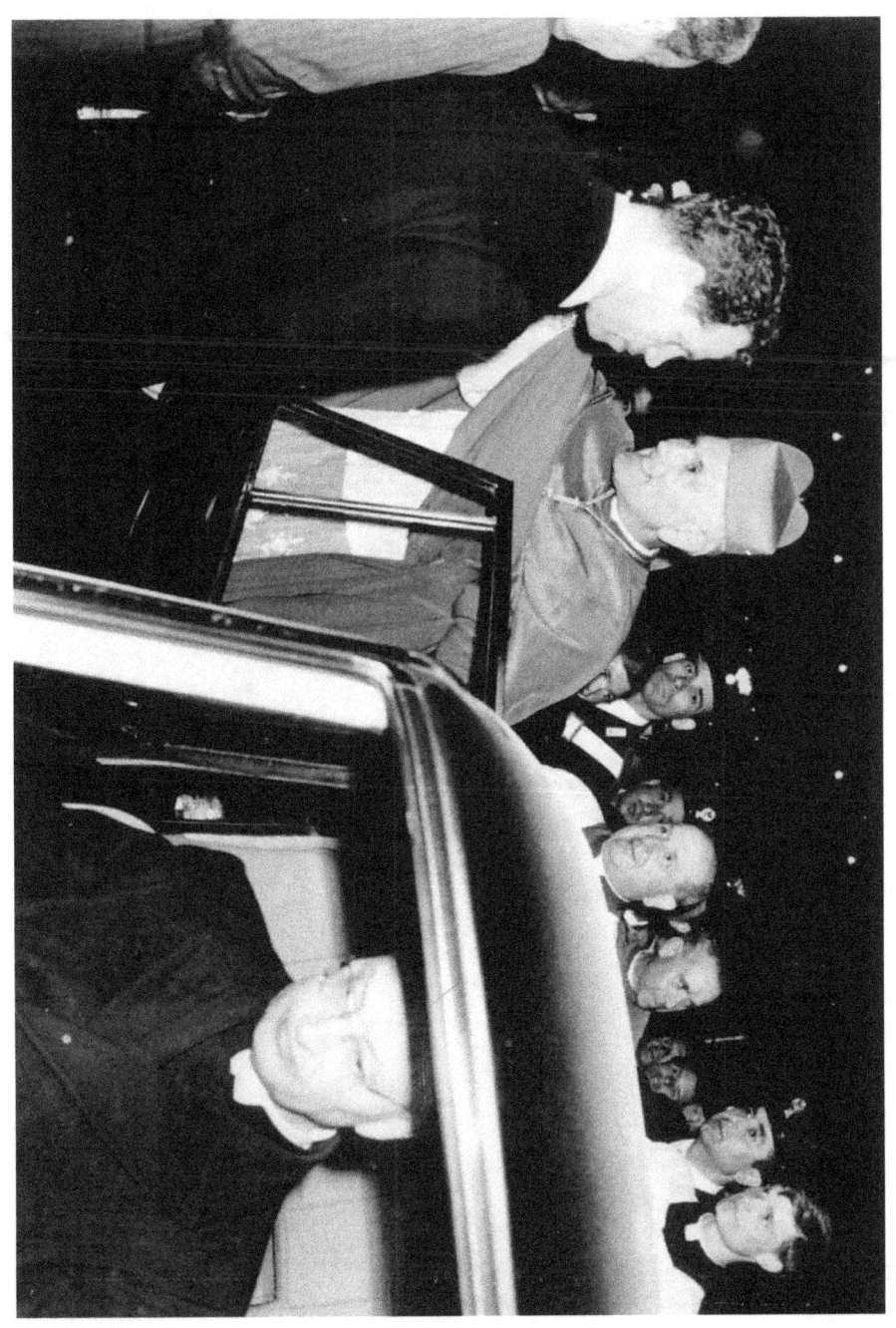

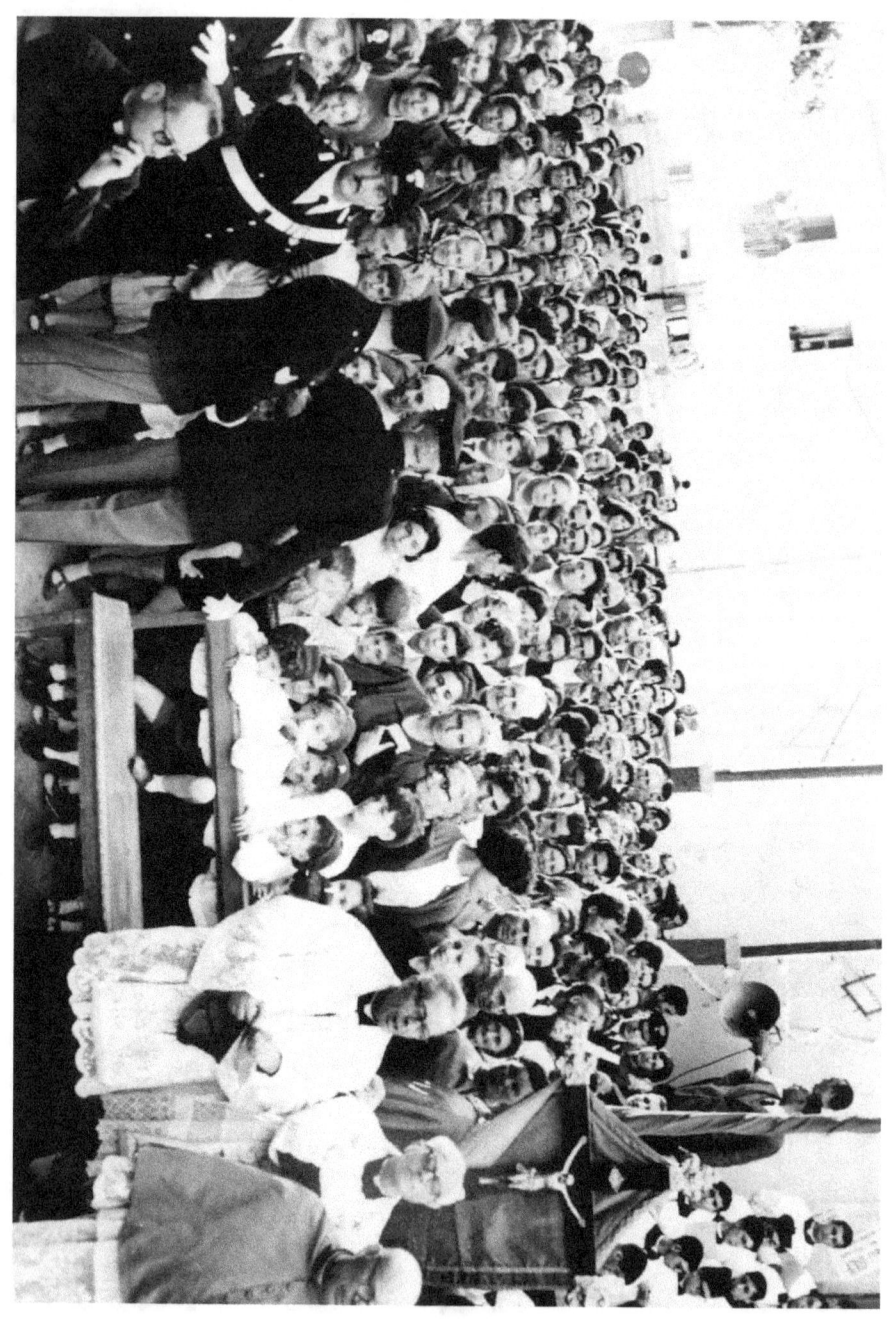

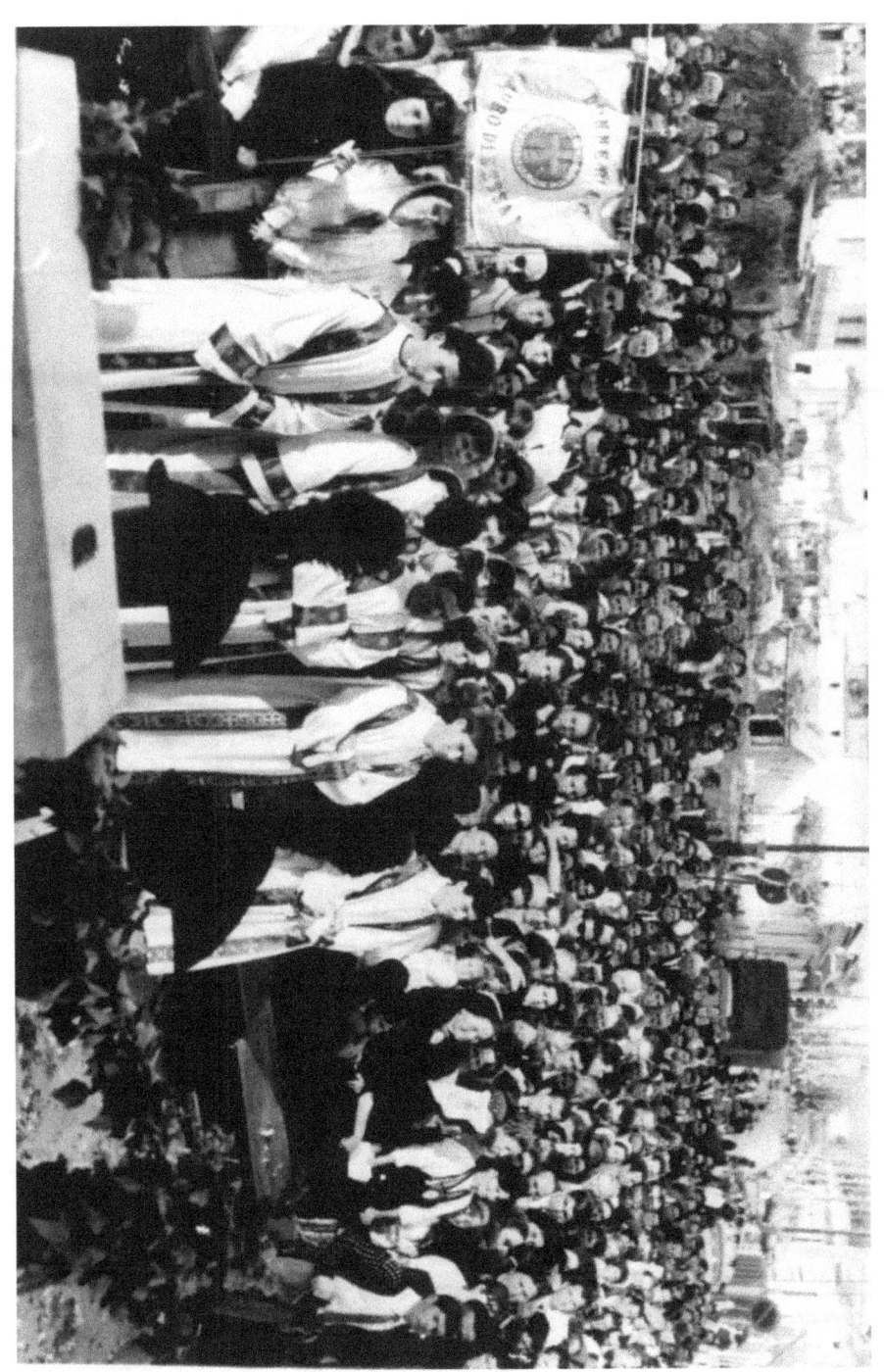

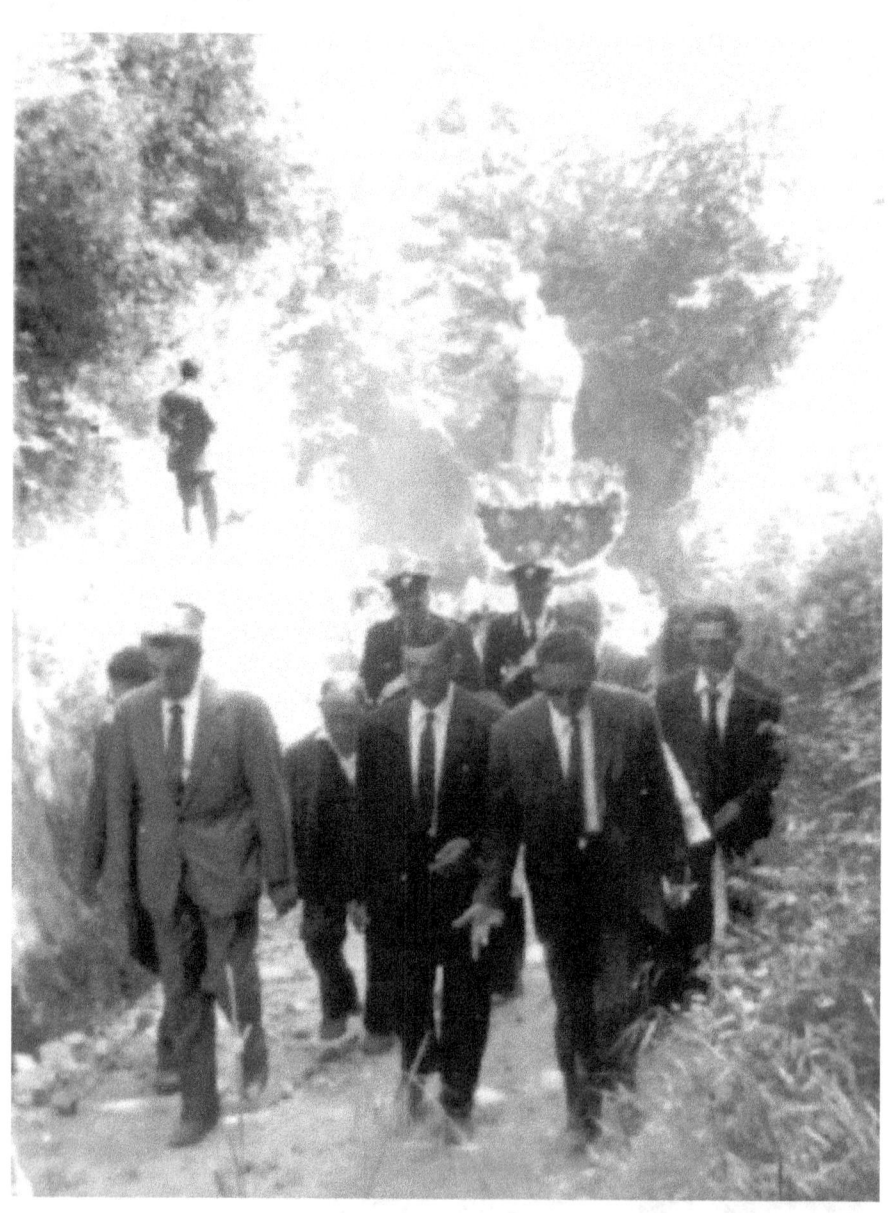

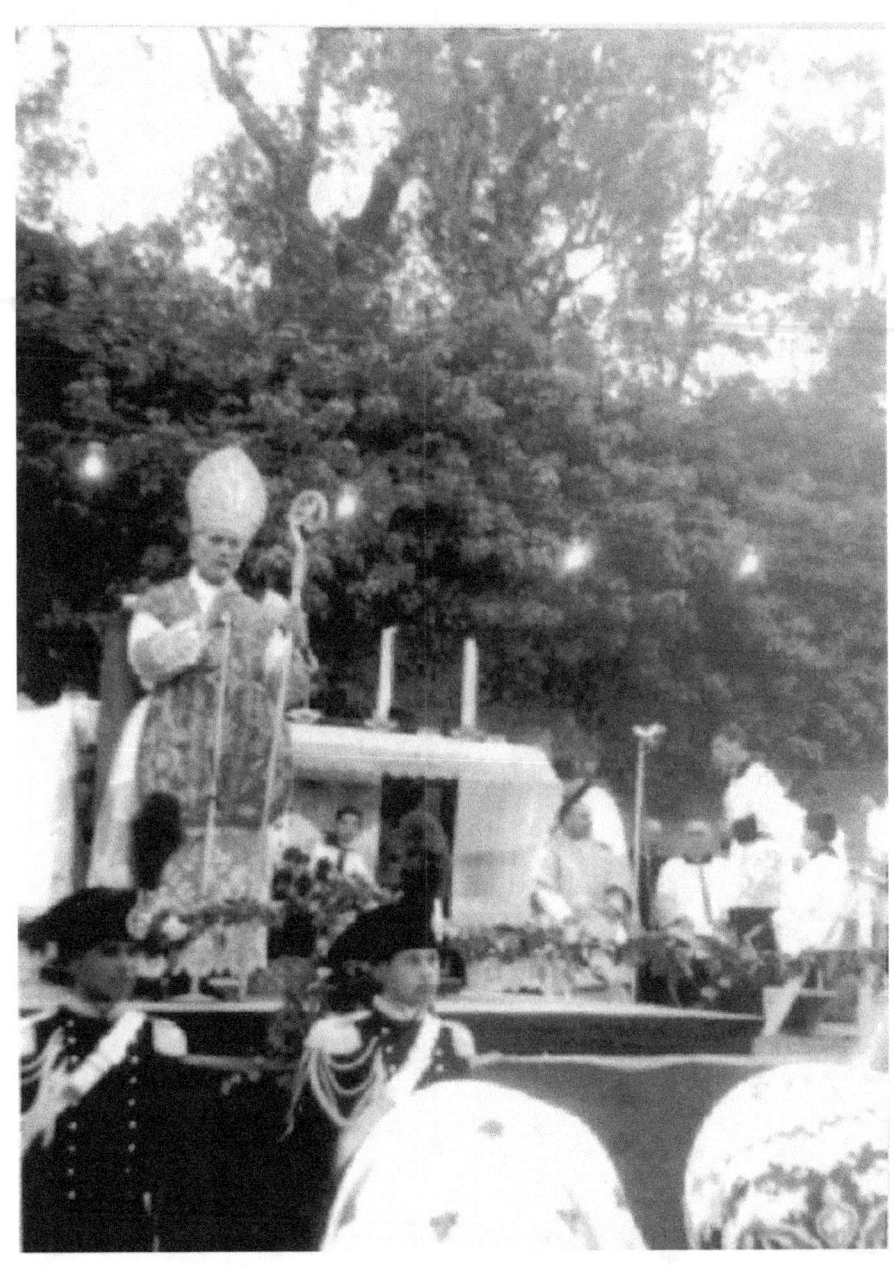

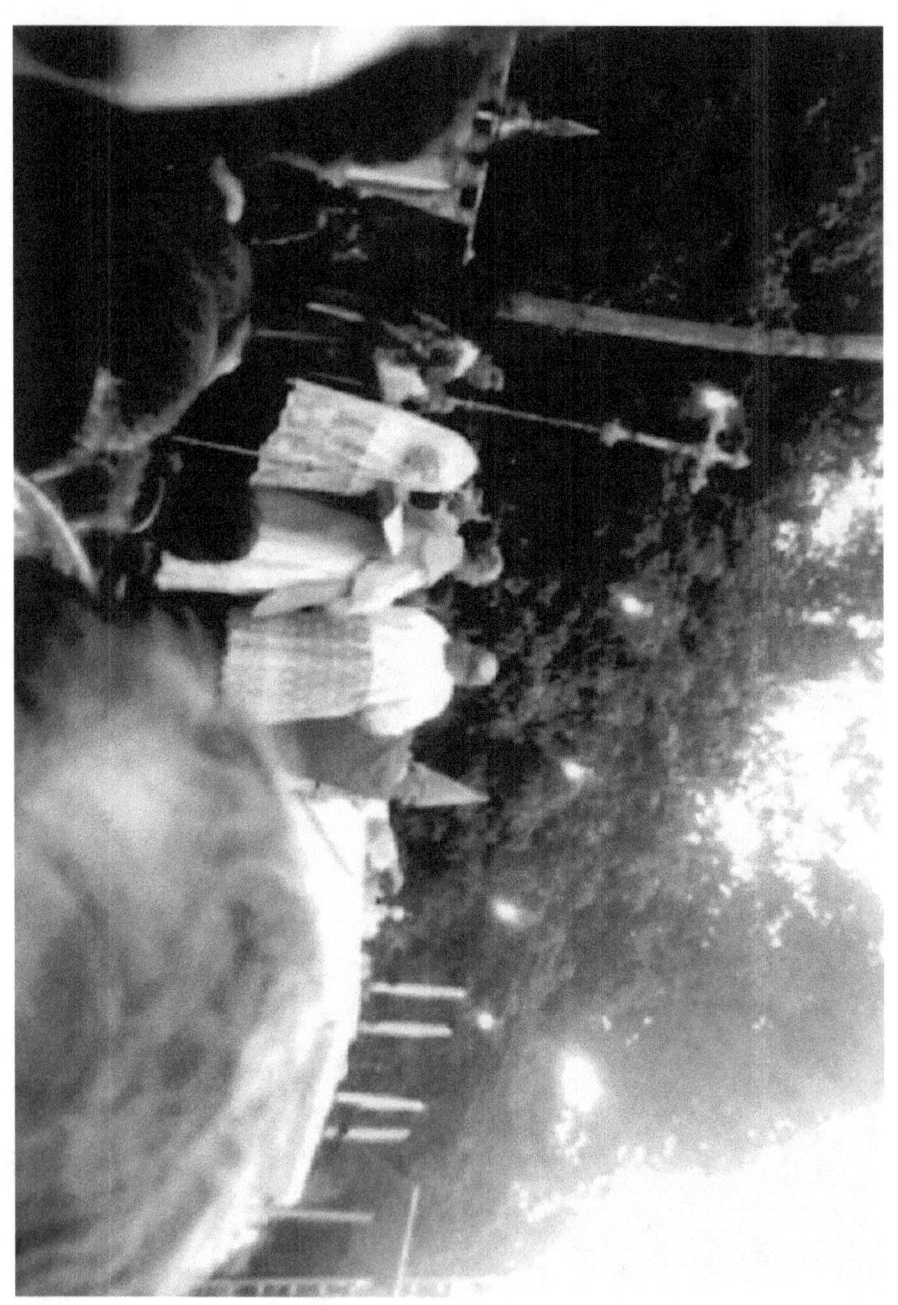

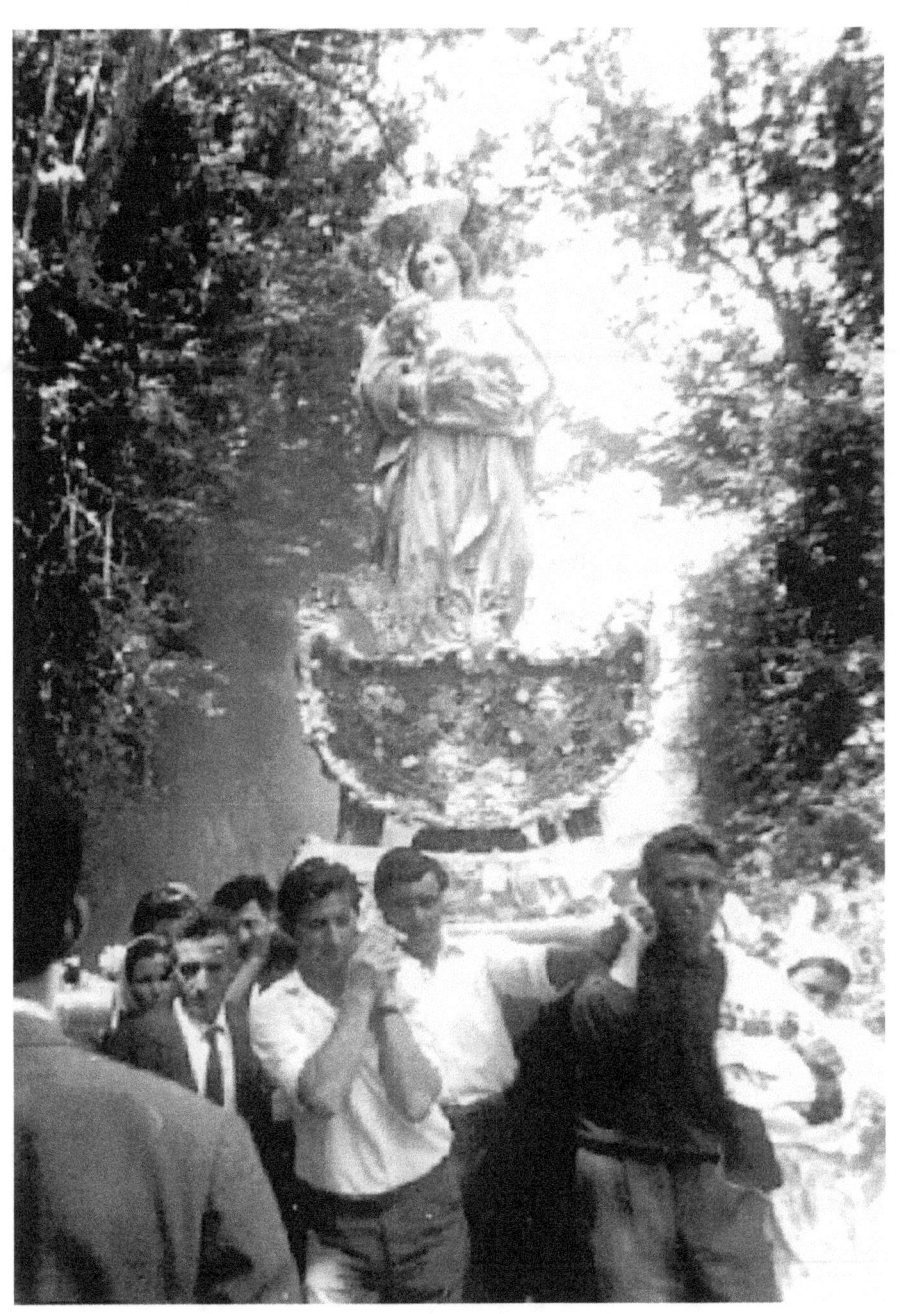

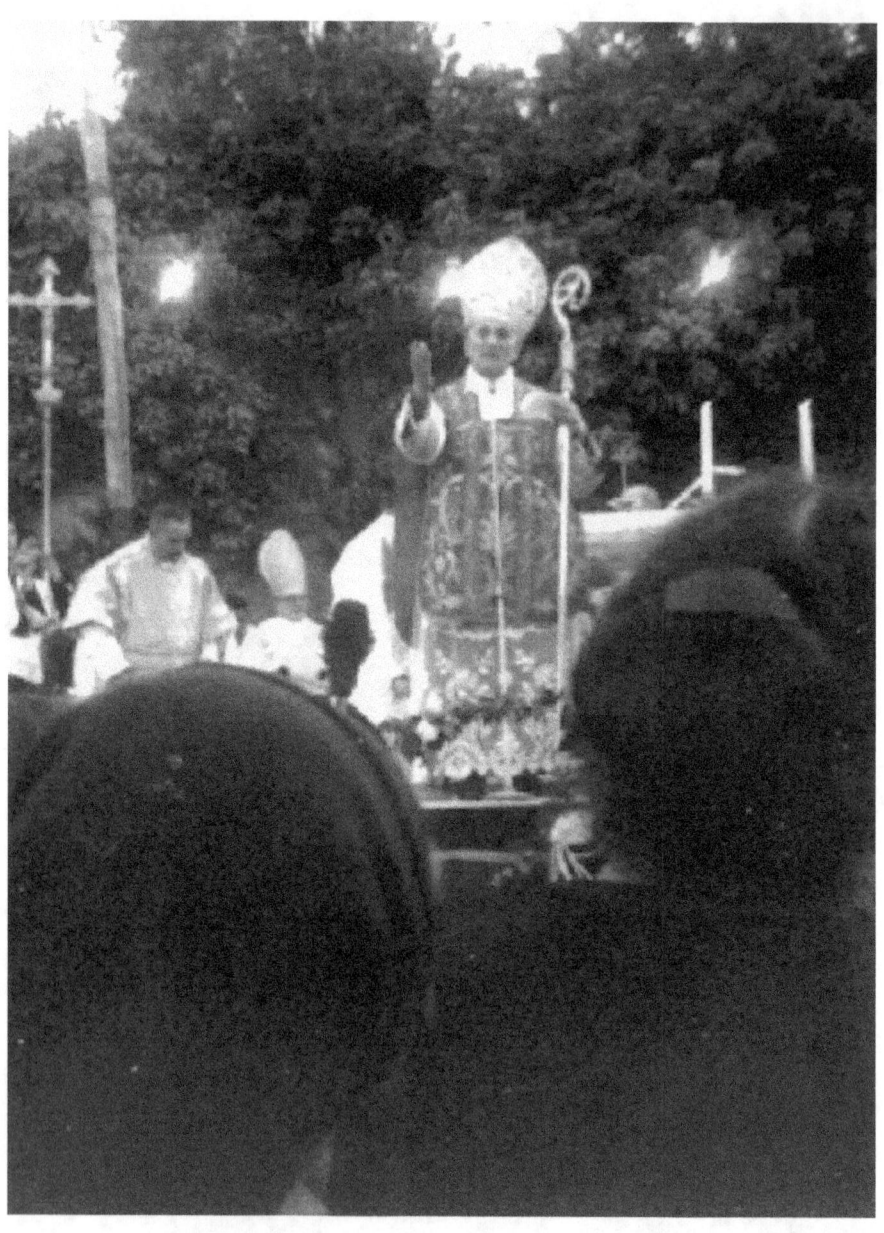

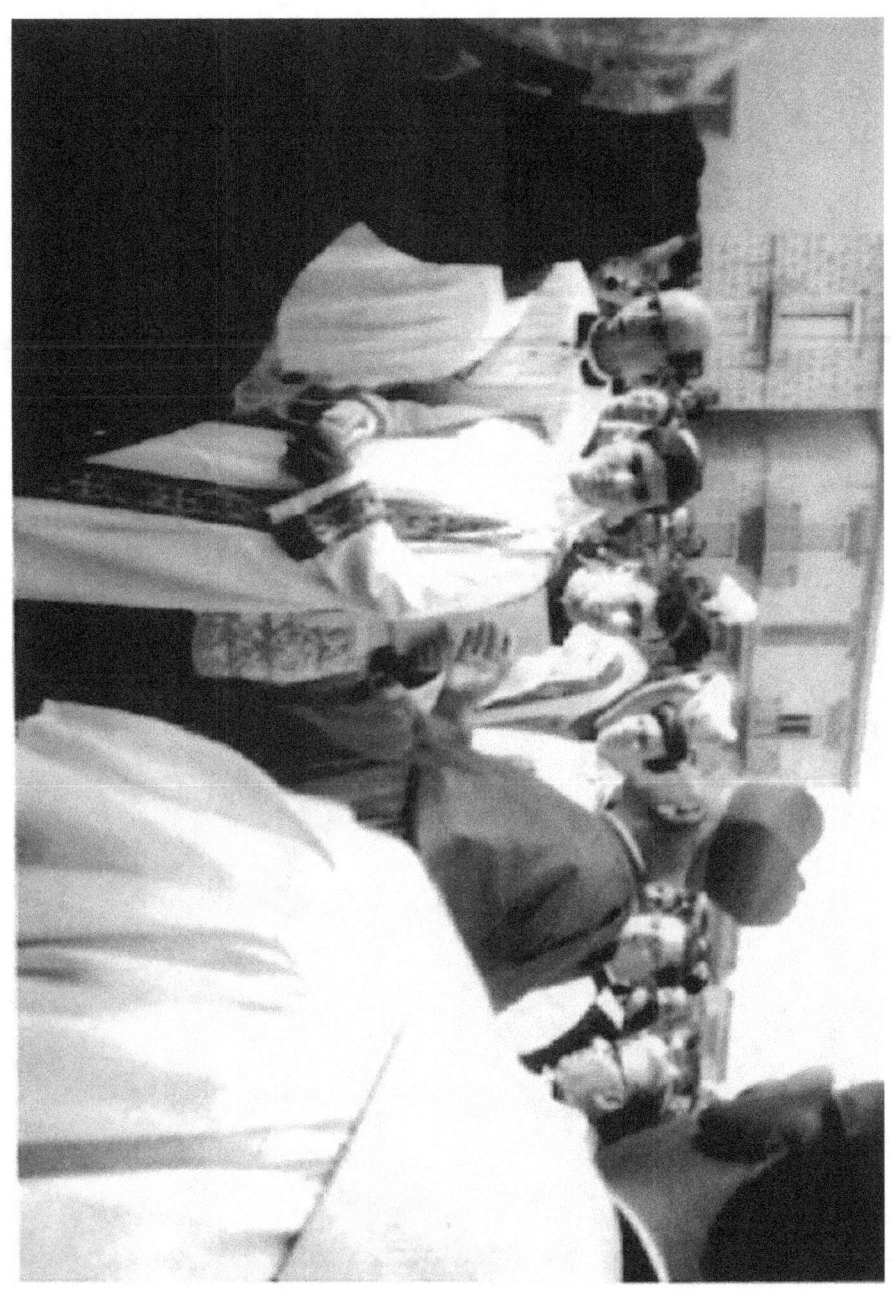

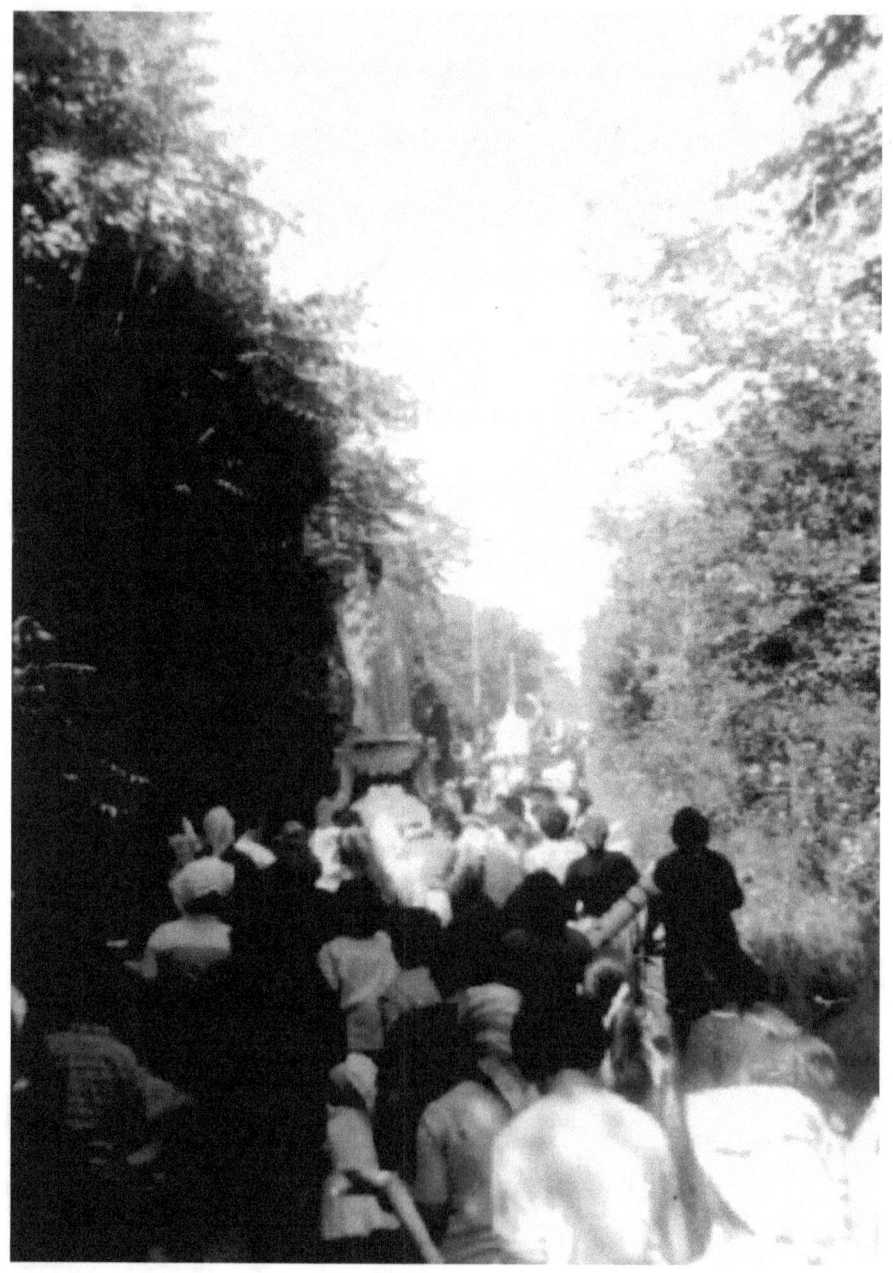

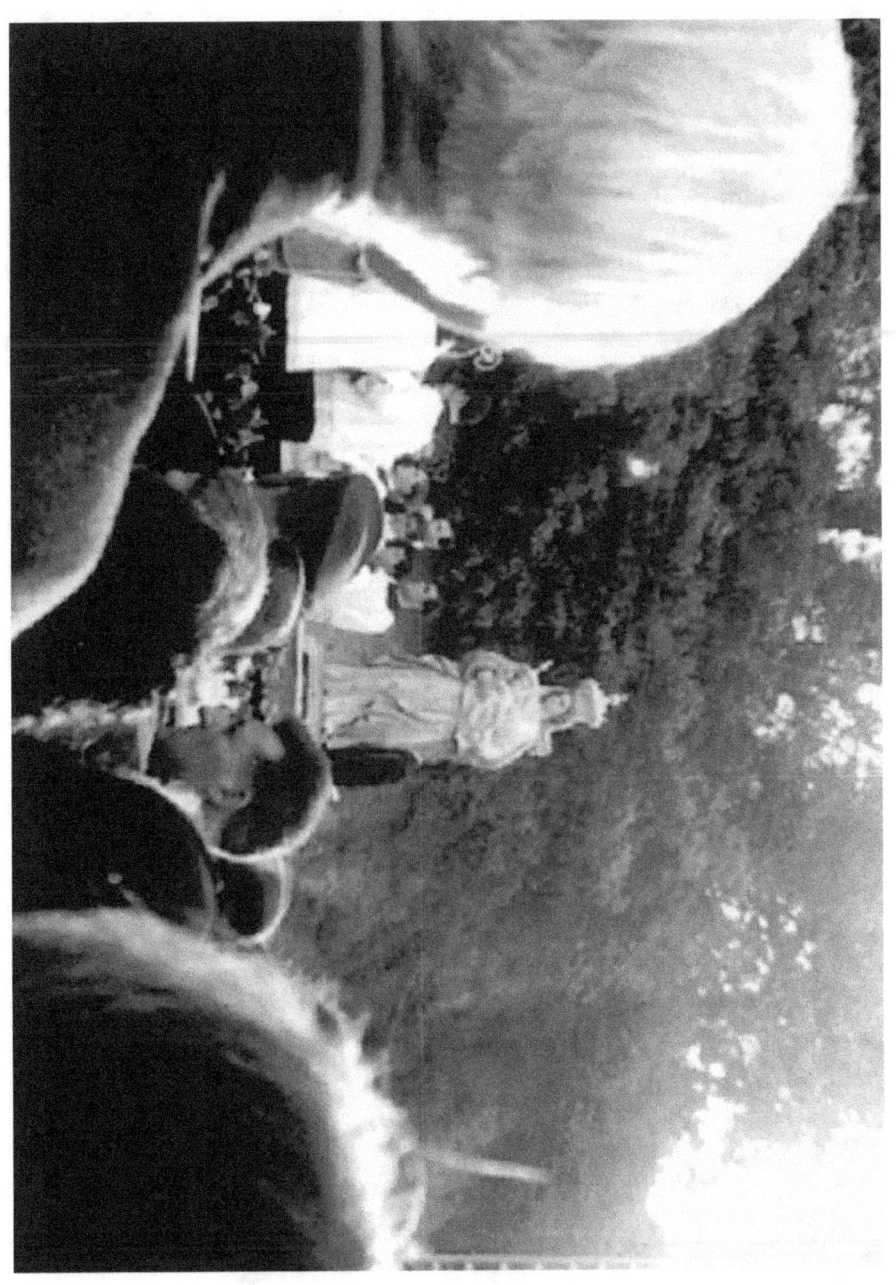

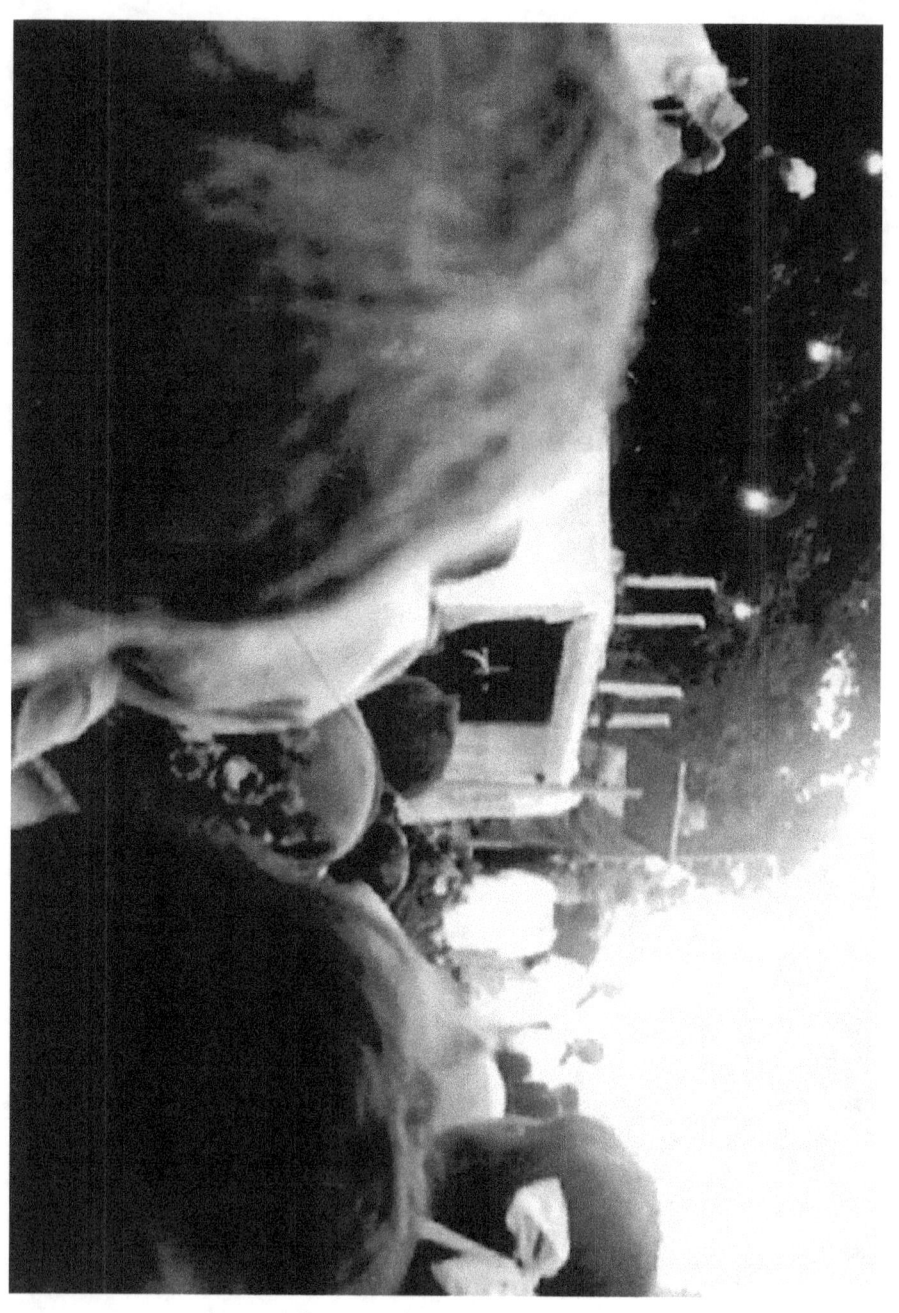

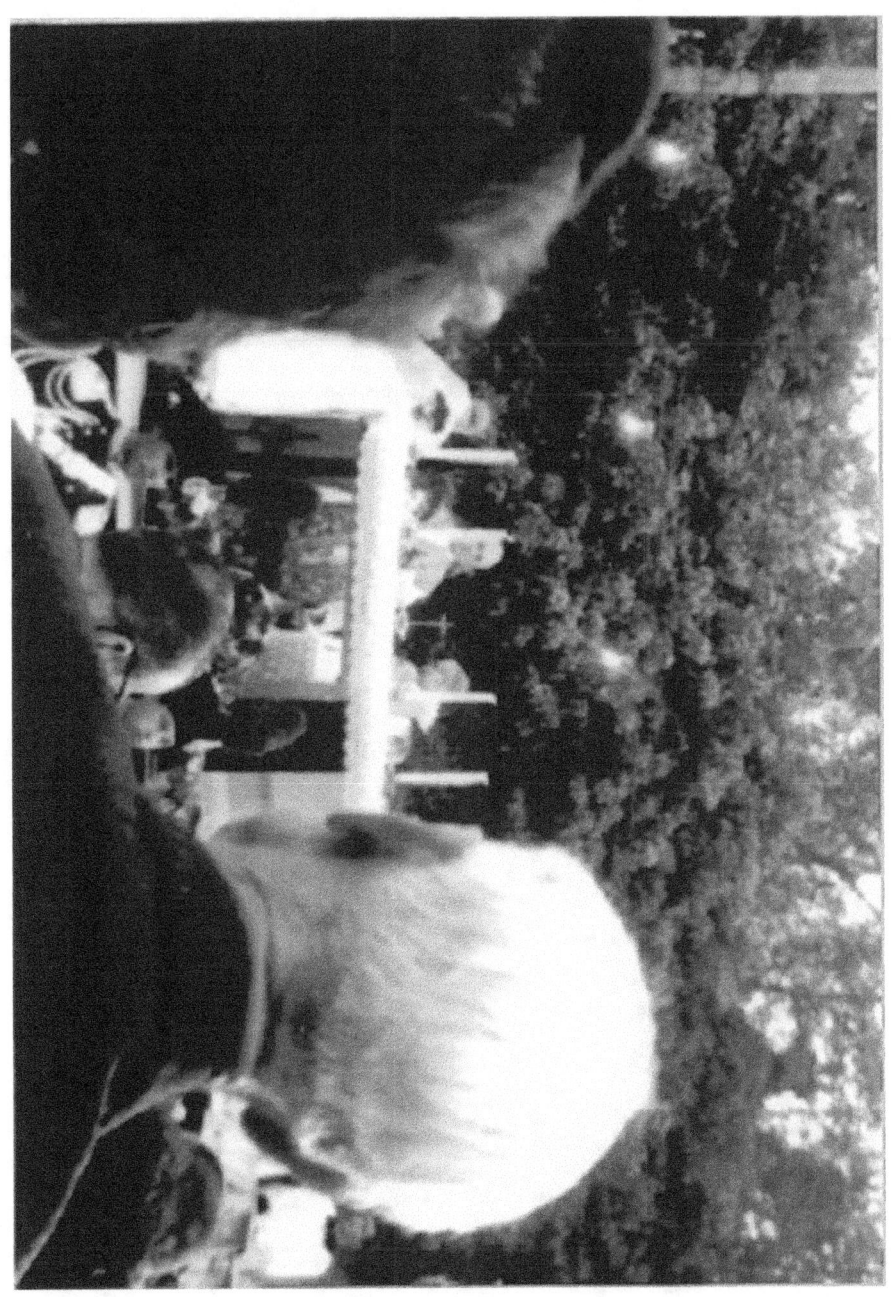

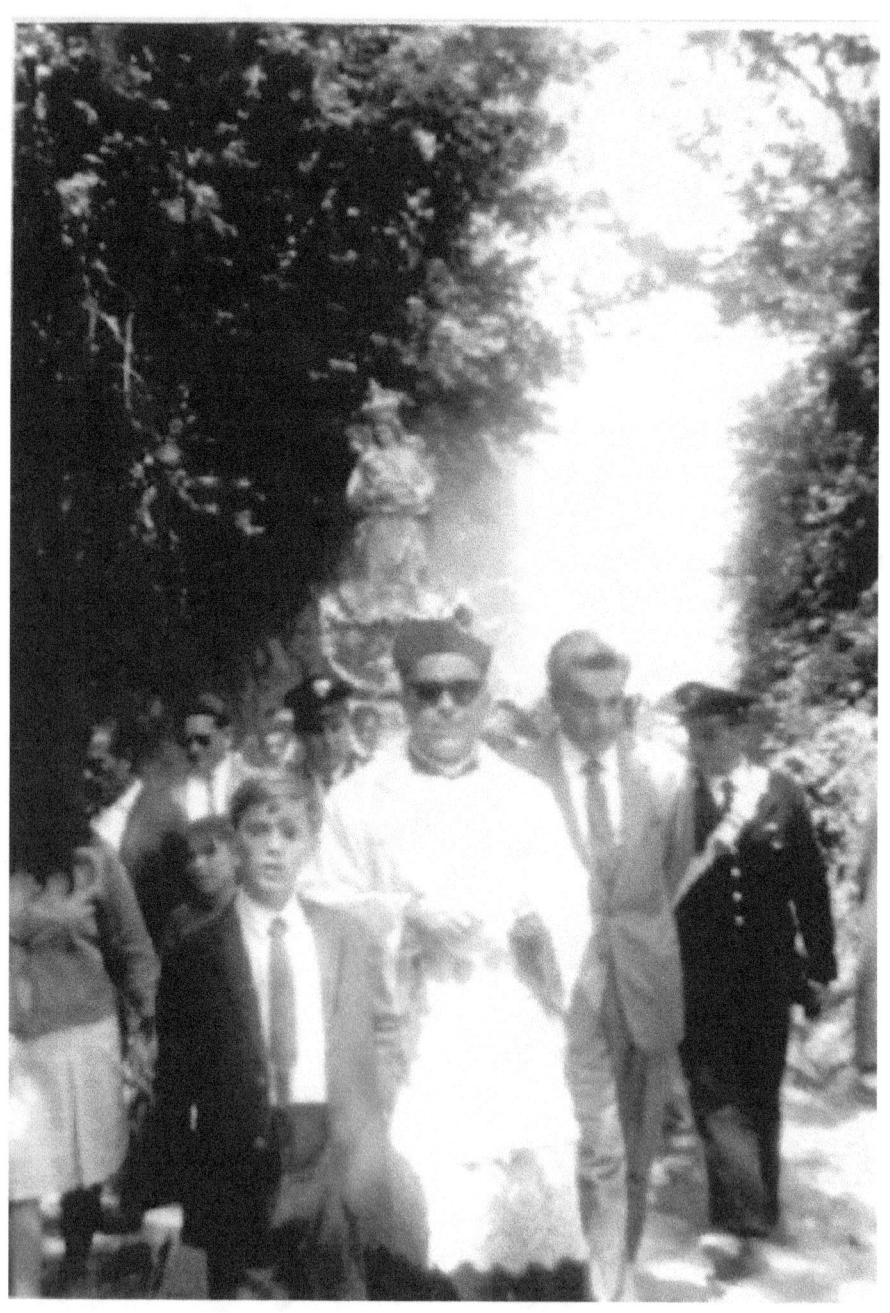

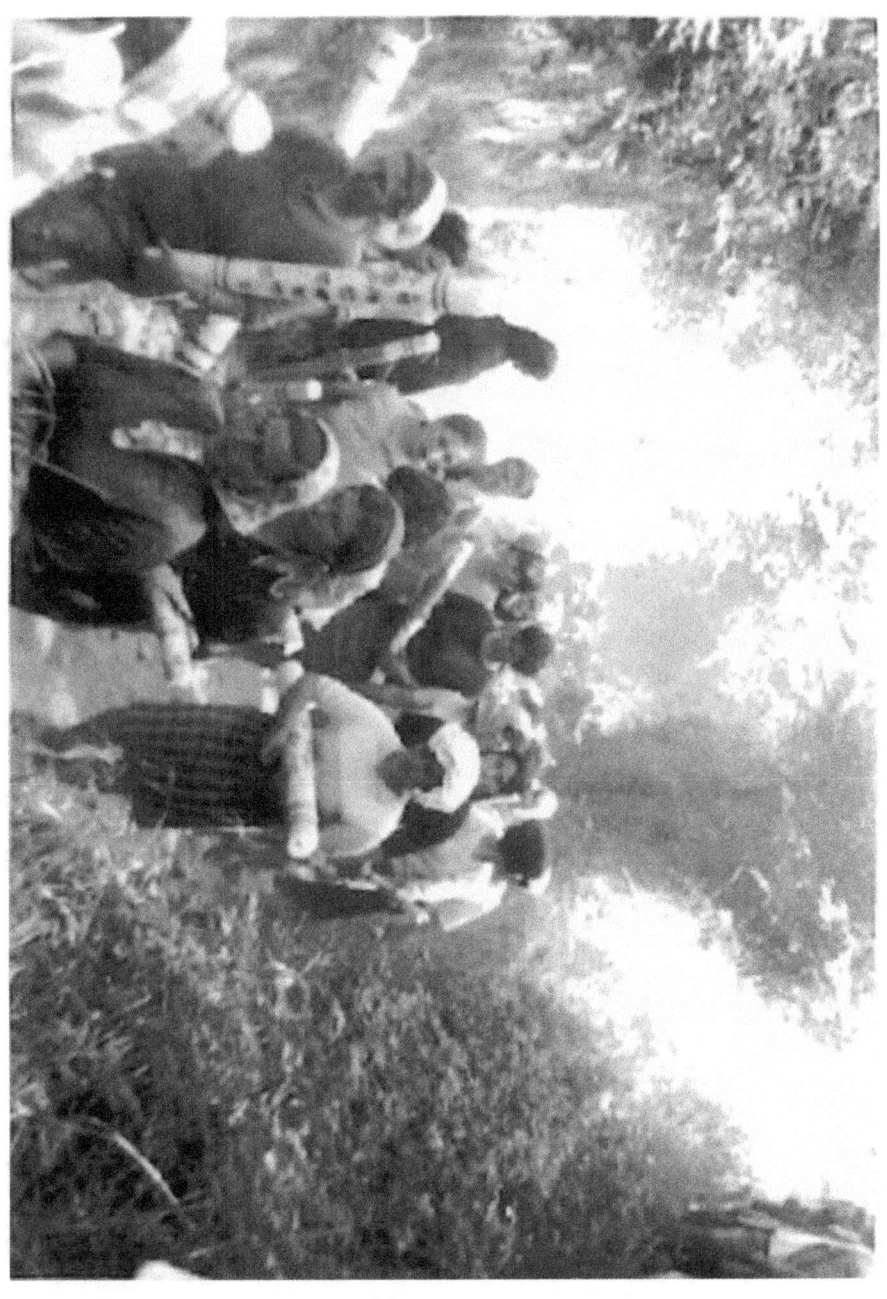

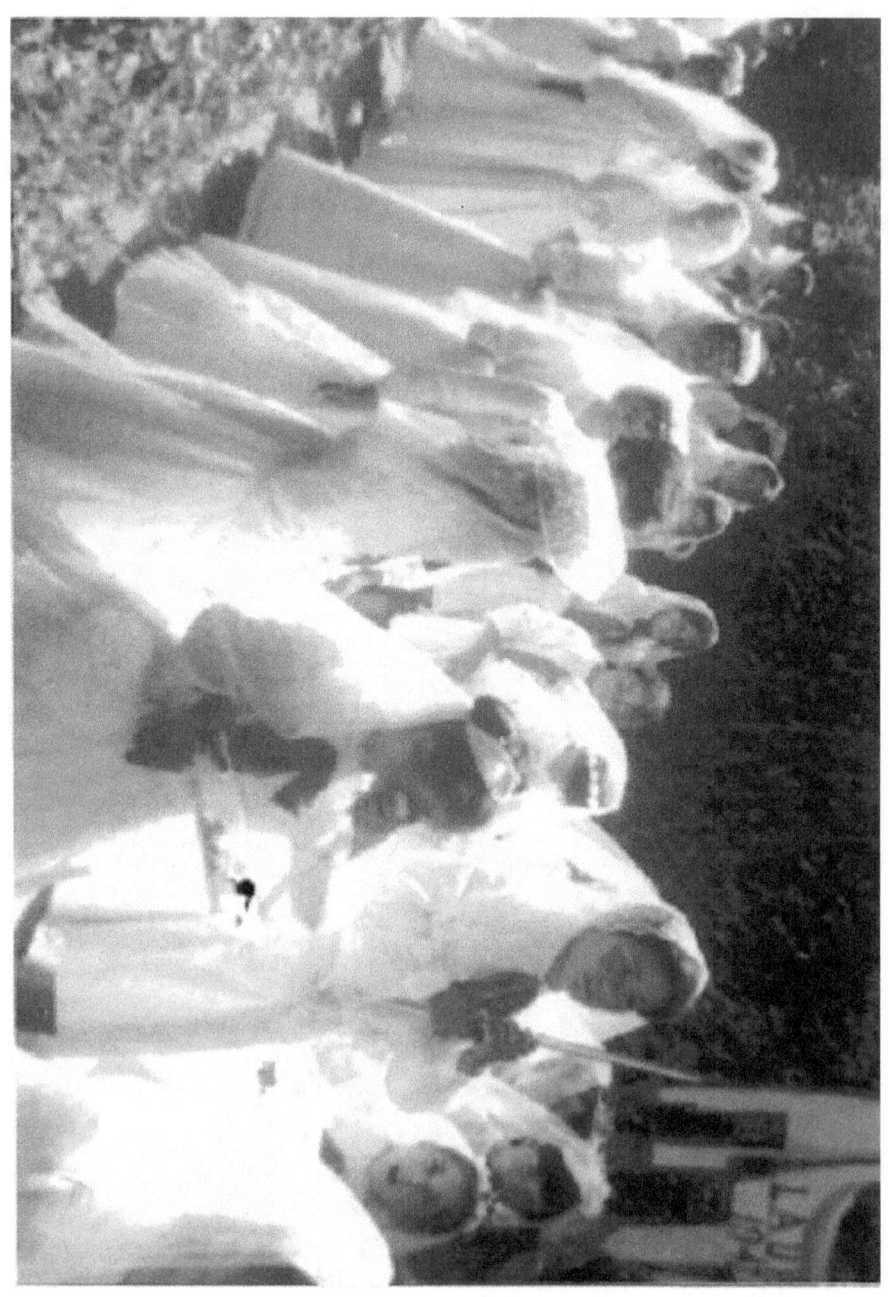

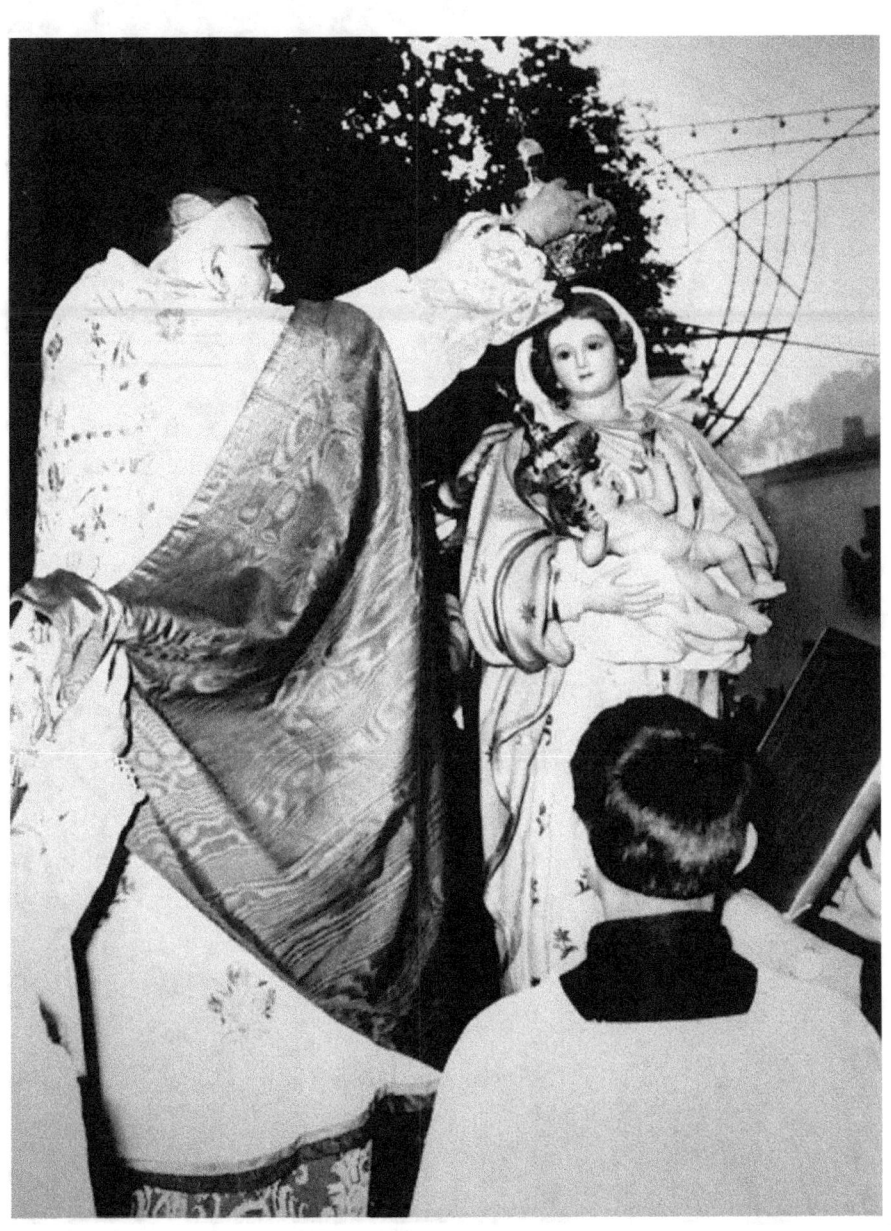

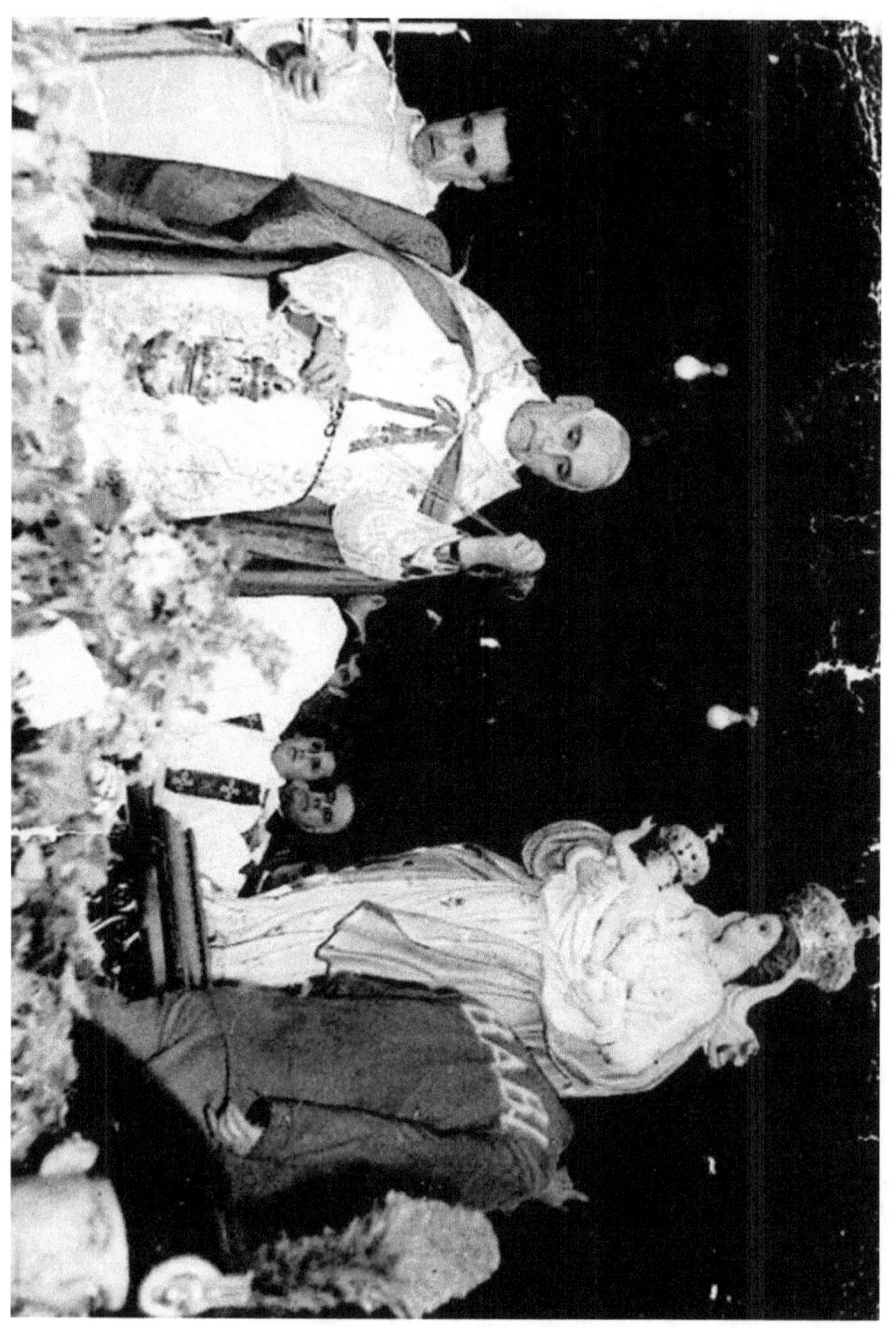

Le mie Opere Pubblicate

01) **Brandelli di Versi Immortali** (2012 - Raccolta di Poesie)

02) **La Leggenda della Pastorella di Lauro** (2012 - Storico)

03) **Inferno degli Dei** (2012 - Horror)

04) **Serial Killer** (2012 - Thriller)
I Capitolo Trilogia - **Il Tempo Saggio della Vita**

05) **Cimitero dell'Universo** (2013 - Thriller)
II Capitolo Trilogia - **Il Tempo Saggio della Vita**

06) **La Verità sul Santo Graal** (2013 - Thriller)
III Capitolo Trilogia - **Il Tempo Saggio della Vita**

07) **Il Buio Oltre la Luce** (2012 - Thriller)

08) **L'Oro Azzurro di Napoli** (2012 - Racconti Narrativa)

09) **Nel Delirio del Pozzo** (2012 - Racconti Thriller)

10) **Aforismi & Altro** (2012 - Saggistica)

11) **Dizionario Dialettale Laurese** (2012)

12) **Racconti in Dialetto Laurese** (2012 – Racconti nostrani)

13) **Due Passi nel Delirio** (2014 - Racconti Thriller)

14) **Ai Confini dell'Impossibile** (2014 - Raccolta di Racconti)

15) **Il Fulcro della Pazzia** (2014 - Racconti Horror)

16) **Le mie Cartoline di Lauro** (2014)

17) **Incoronazione Maria SS. dei Pozzi** (2014)